农业科技期刊编校差错案例辨析

翁志辉　著

中国农业科学技术出版社

图书在版编目（CIP）数据

农业科技期刊编校差错案例辨析 / 翁志辉著. --
北京：中国农业科学技术出版社，2025.1. -- ISBN
978-7-5116-7294-0

Ⅰ.G232.2

中国国家版本馆CIP数据核字第2025JB4428号

责任编辑　倪小勋
责任校对　马广洋
责任印制　姜义伟　王思文

出 版 者	中国农业科学技术出版社
	北京市中关村南大街12号　　邮编：100081
电　　话	（010）62111246（编辑室）　（010）82106624（发行部）
	（010）82109709（读者服务部）
网　　址	https://castp.caas.cn
经 销 者	各地新华书店
印 刷 者	北京建宏印刷有限公司
开　　本	170 mm×240 mm　1/16
印　　张	9
字　　数	185千字
版　　次	2025年1月第1版　2025年1月第1次印刷
定　　价	45.00元

◆━━◆ 版权所有·侵权必究 ◆━━◆

【内容提要】

本书根据国家有关法规标准、新闻出版行业标准和学术论文撰写规范，通过200多幅实例截图，对农业科技期刊编校环节的难点、疑点和易错点进行深入浅出的剖析。全书包括论文格式、语言文字、专业术语与符号、标点符号和数字用法、量和单位、图表、参考文献、英文表达、期刊出版形式、政策法规与科学常识共10章，内容丰富，形式新颖，依据充分，分析透彻，针对性强，实用性好。本书适合农业科技期刊编校人员阅读，是一本非常实用的参考书，同时，对农业科技工作者提高论文写作水平也有较好的参考价值。

前言

期刊质量包括内容质量、编校质量、出版形式质量、印制质量四项,其中编校质量是指在期刊中规范使用语言文字、名词术语、标点符号、图表、量和单位等的水平。期刊编校质量体现了编辑人员的职业能力和出版物的品质形象,因此,做好编校工作,确保质量符合相关规定和标准,对于期刊编辑人员和出版单位来说至关重要。

国家新闻出版主管部门高度重视出版物质量,于2020年制定实施了《报纸期刊质量管理规定》,明确了报刊质量特别是编校质量检查标准。近年来,国家层面和有关省、自治区、直辖市常年开展期刊编校质量检查。通过检查,切实提高了期刊从业人员的编校质量意识,有效提升了期刊的整体质量水平。

农业科技期刊是我国科技期刊的重要组成部分。在知识更新日益加速的今天,农业科技期刊作为农业科学研究成果的重要载体,其编校质量不仅关系到学术成果交流传播的准确性和科学性,还关系到农业科技领域的知识传承与创新发展。近年来,我国加快推进农业科技期刊高质量发展,农业科技期刊在学术质量不断提升的同时,编校工作也面临着多重挑战。由于农业科技期刊涉及的专业知识广泛,农业科学与其他学科交叉融合,出版法规标准繁多,农业科技期刊从业人员在编校工作中常常面临诸多难点与疑点,因学科知识盲点、标准理解偏差或细节疏漏,差错时有发生,既影响学术表达的严谨性,也可能造成科研成果传播的失真。因此,编写一本专门针对农业科技期刊编校问题的书稿,能够对编校人员有所裨益,避免重蹈覆辙,是笔者多年的一个愿望。

笔者从事农业科技期刊编辑出版工作已有38年，在编辑加工、校对、终校、编后审读，以及参加福建省期刊编校质量检查中，一直保持着用注释在电子校样上做标记的习惯，由此保存了大量可随时翻阅的PDF、Word等格式的电子文档案例。在本书的编撰过程中，笔者将自己多年来积累的编校素材加以筛选，按照差错类型分门别类整理，涵盖论文格式、语言文字、专业术语与符号、标点符号和数字用法、量和单位、图表、参考文献、英文表达、期刊出版形式、政策法规与科学常识，共10个方面，用200余幅展示编校修改痕迹的典型实例截图，以图文并茂的方式，分析出错原因，给出修改依据，提出修改建议，并结合辨析讲解相关的专业知识，希望能让读者知其然又知其所以然，起到举一反三、触类旁通的作用。限于书稿篇幅，本书仅筛选农业科技期刊中一些容易忽视、容易出错及容易混淆的案例，至于一些常见的编校差错问题，相信大多数编辑人员已经熟悉掌握，本书就不一一赘述。

需要指出的是，近年来颁布的国家标准和行业标准，更好地体现了规范性与灵活性相结合的原则。新标准多采用"应""宜""可"等用语来分别表示"要求""推荐"和"陈述"，要求型条款应严格执行，推荐型条款建议执行，陈述型条款可供选择执行。这就为使用者留有了灵活选择的空间。在本书的案例辨析中，笔者也尽可能参照新标准的用语来表述。当然有的问题属于不宜或不可，在质检中通常不计错；有些修改建议和辨析也并非定论，尚有商榷的余地，仅供读者参考。

知识的传播需要严谨的态度，学术的传承仰赖规范的坚守。期待本书能为提升农业科技期刊编校质量贡献绵薄之力，更愿与广大同行共勉，在字斟句酌中守护期刊品质，在精益求精中助力学术创新。

限于笔者的学识和水平，书中难免存在缺漏和瑕疵，恳请编辑同仁和读者朋友不吝赐教。

俞志辉

谨识

2024年12月于福州

目 录
CONTENTS

第一章 论文格式 ... 1
- 第一节 题名问题 ... 1
- 第二节 摘要和关键词问题 ... 6
- 第三节 标题层次问题 ... 11

第二章 语言文字 ... 15
- 第一节 易混淆的字 ... 15
- 第二节 易混淆的词 ... 26
- 第三节 语法问题 ... 35

第三章 专业术语与符号 ... 41
- 第一节 专业术语 ... 41
- 第二节 生物学名 ... 48
- 第三节 学术符号 ... 50

第四章 标点符号和数字用法 ... 57
- 第一节 点　号 ... 57
- 第二节 标　号 ... 60
- 第三节 数字用法 ... 65

第五章 量和单位 ... 68
- 第一节 量的使用问题 ... 68

第二节　单位的使用问题 ·················· 75

第六章　图　表 ·················· 80
第一节　图的应用问题 ·················· 80
第二节　表的应用问题 ·················· 84

第七章　参考文献 ·················· 89
第一节　责任者著录问题 ·················· 89
第二节　题名著录问题 ·················· 91
第三节　出处项著录问题 ·················· 92
第四节　标识符号著录问题 ·················· 93

第八章　英文表达 ·················· 95
第一节　专业术语翻译问题 ·················· 95
第二节　英文规范表达问题 ·················· 98

第九章　期刊出版形式 ·················· 102
第一节　封面问题 ·················· 102
第二节　版权页与目次表问题 ·················· 105

第十章　政策法规与科学常识 ·················· 107
第一节　涉及我国台湾地区机构称谓问题 ·················· 107
第二节　涉及机构名称和领导职务称谓问题 ·················· 110
第三节　涉及科学性与常识性的差错 ·················· 111

附录一　报纸期刊质量管理规定 ·················· 115

附录二　期刊编校差错率计算方法 ·················· 119

附录三　期刊出版形式差错数计算方法 ·················· 123

附录四　农业科技期刊常用的量和单位、符号（含缩写） ·················· 126

第一章　论文格式

第一节　题名问题

简而不明

【案例1-1】

不同病毒对太子参生长及产量和品质的影响
（侵染种根）

【辨析】GB/T 7713.2—2022《学术论文编写规则》指出："题名是论文的总纲，是反映论文中重要特定内容的恰当、简明的词语的逻辑组合。"然而，本案例原题名存在"简而不明"的问题，即题名中主题不明确，未能为读者提供有效信息。通过浏览全文，发现文章内容涉及不同病毒侵染种根所致病害对产量和品质的影响。因此，在"不同病毒"后应补充"侵染种根"，以明确文章主题。

烦琐冗长

【案例1-2】

> 氟啶虫酰胺和联苯菊酯及其复配剂对七星瓢虫、玉米螟赤眼蜂的急性毒性与风险评估
> ↑
> 氟啶虫酰胺和联苯菊酯及其复配剂对非靶标节肢动物的风险评估

【辨析】本案例原题名烦琐冗长,罗列了过多研究对象。需对具有并列或包含关系的词语进行归纳。七星瓢虫、玉米螟赤眼蜂属于非靶标节肢动物(益虫);毒性试验为风险评估的内容之一,可以归入"风险评估"。据此,题名可改为"氟啶虫酰胺和联苯菊酯及其复配剂对非靶标节肢动物的风险评估",使表达更加简明规范。

词不达意

【案例1-3】

> 不同互作因子对玉米间作大豆、花生的单一和复合群体产量的影响
> ↑
> 玉米/豆科间作系统中不同互作因子对群体产量的影响

【辨析】本案例原题名中包含了诸多无关或相关性小的词语以及重复词汇,需加以凝练。"单一和复合群体"实际上指两种作物间作系统。经对原题

名进行语法结构分析,可把其改为"玉米/豆科间作系统中不同互作因子对群体产量的影响",使题名简洁明了。

对象错位

【案例1-4】

模糊综合评判在茶树种质资源抗寒性鉴定中的应用研究
↑
应用模糊综合评判鉴定茶树种质资源抗寒性

【辨析】科技论文的题名应以客观的语言陈述科学事实,与论文核心内容一致,并完整准确地表达主题思想。本案例原题名题意偏离研究主题,表现为研究对象错位。从原题名的题意看,研究的主题似乎是"模糊综合评判"这种方法。但文章主旨是应用该方法鉴定茶树种质资源的抗寒性,即研究的主题是"抗寒性鉴定",而"模糊综合评判"是研究方法。因此,题名宜改为"应用模糊综合评判鉴定茶树种质资源抗寒性",以突出研究主题。

题大文小

【案例1-5】

花生秸秆瘤胃降解动态变化研究
↑
花生秸秆在福清山羊瘤胃中的降解特性

【辨析】本案例原题名题意笼统宽泛，反映的信息范围过大。文章研究对象仅为福清山羊，但原题名没有给出具体家畜，表现为"题大文小"。宜改为"花生秸秆在福清山羊瘤胃中的降解特性"，以做到题文相符。

以偏概全

【案例1-6】

> 真空冷冻干燥保持嘉宝果品质研究
> ↑
> 不同干燥方式对嘉宝果品质的影响

【辨析】本案例原题名存在"以偏概全"的问题。题名反映的信息范围较小，而论文实际内容范围较大。确切的题名应根据论文综合内容确定。通过阅读全文发现，文中比较了5种不同干燥方式，得出真空冷冻干燥能保持较好的果品感官品质，但其他干燥方式也能保持较好的营养品质，不应忽视。因此，题名宜改为"不同干燥方式对嘉宝果品质的影响"。

鲜为人知

【案例1-7】

> MH诱导龙眼焦核种子内源激素含量的变化
> ↑
> 马来酰肼（MH）诱导龙眼焦核种子内源激素含量的变化

【辨析】学术论文题名应具有自明性。在题名中使用已得到同行公认并通用的缩略语时，可不必写出全称。若缩略语未被广泛认可，则应写出全称。例如，DNA、RNA为公众熟知，可用缩略语。而本案例中的MH未被广泛认知，故应改为"马来酰肼"，并在括号中注明缩略语。

缺少新意

【案例1-8】

乌龙茶品质早期单株鉴定方法
↑
"微量法"鉴定乌龙茶单株早期品质

【辨析】题名宜突出论文的创新性和特异性，恰如其分地反映研究的新颖性和深度，以吸引读者兴趣。本案例涉及的文章主题是提出一种新方法，但原题名未点明。若改为"'微量法'鉴定乌龙茶单株早期品质"，则主题突出，一目了然。

分行断意

【案例1-9】

解淀粉芽孢杆菌 FJAT-8754 产纤维素酶和淀粉↑
酶特性及发酵条件优化

【案例1-10】

引起种（蛋）鸭输卵管积液综合征的新发病毒——C型禽偏肺病毒

（"的"字由第二行行首移至第一行行末）

【案例1-11】

钵苗机插密度对不同穗型杂交籼稻生长和产量形成的影响

（"和"字由第一行行末移至第二行行首）

【辨析】GB/T 9704—2012《党政机关公文格式》指出："标题回行时，要做到词意完整，排列对称，长短适宜。"学术论文题名的格式要求与公文相同。当题名长度超过版心4/5时需转行，并保持转行处词语的完整性。转行时需注意：一是不能割裂完整词语的词义，包括由词组组成的名词术语也不宜割断。案例1-9中的"淀粉酶"是专业术语，不能在"淀粉"和"酶"之间分行。二是题名中虚词处转行应符合阅读连贯的规则。例如，结构助词"的"通常附着于其前面的修饰语，因此"的"字一般不出现在第二行的行首（案例1-10）；而"和""与"等介词或连词引出后续词语，从阅读连贯性出发，一般不宜置于首行行末（案例1-11）。

第二节　摘要和关键词问题

要素含糊

【案例1-12】

【辨析】GB/T 7713.2—2022《学术论文编写规则》指出："摘要是对论

摘要：【目的】研究协同控制复水参数及隔氧磨浆对脂肪氧化酶活力及豆浆风味等品质的影响，旨在为开发高品质大豆饮品提供理论与技术支持。【方法】基于前期相关研究结果，拟比较大豆复水条件、磨浆温度、隔氧磨浆等因子对抑制脂肪氧化酶活力效果，获得较优的参数，研究协同控制隔氧磨浆对去除豆腥味以及豆浆加工品质的影响。【结果与结论】在大豆复水隔氧磨浆方式中，复水温度为影响脂肪氧化酶活力的主要因素，pH 对抑制脂肪氧化酶活性有增效作用；以浸泡液温度 80 ℃、pH 9，浸泡时间 60 min 处理，集成隔氧磨浆，豆浆豆腥味较低，品质更高。

摘要：【目的】研究协同控制复水参数与隔氧磨浆对脂肪氧化酶活力及豆浆风味等品质的影响，为开发高品质大豆饮品提供技术支持。【方法】比较大豆复水 pH 值、磨浆温度、隔氧与非隔氧磨浆等因子对豆浆脂肪氧化酶活力的抑制效果，获得较优的工艺参数；以此工艺参数为基础，研究协同控制隔氧磨浆对去除豆腥味以及提高豆浆色泽、风味的影响。【结果】(1) 热碱（80℃、pH 9）复水协同隔氧磨浆处理的脂肪氧化酶活力为（100±2.5）$U·mL^{-1}$，极显著低于其他处理，抑酶能力最佳。(2) 复水温度极显著影响脂肪氧化酶活力，而隔氧磨浆温度对脂肪氧化酶活力的影响不显著。(3) 与室温复水非隔氧磨浆比较，隔氧磨浆制得的豆浆脂肪氧化酶活力降低了 99.67%，总黄酮含量提高了 24.77%，色泽和感官指标明显提升。【结论】复水温度为影响脂肪氧化酶活力的主要因素；大豆以浸泡液温度 80℃、pH 9、浸泡时间 60 min 的复水工艺协同隔氧磨浆工艺制得的豆浆腥味最低，综合品质最好。

文的内容不加注释和评论的简短陈述，应具有独立性和自明性，即不阅读全文就可以获得必要的信息。""摘要的内容通常包括研究的目的、方法、结果和结论。"本案例属于报道性摘要，原摘要存在的问题是诸要素含糊不清，表现为方法不明确，结果不具体且与结论杂糅在一起。在报道性摘要中，"方法"部分应简述研究方案，"结果"部分应呈现研究过程中得到的具体数据和事实，而"结论"部分则应基于这些结果进行逻辑推理和总结，得出观点或方案。本案例修改后的摘要，方法部分明确了3种条件因子的抑酶试验及协同工艺对豆浆风味品质影响试验；结果部分通过具体数据和统计结果概括了两部分试验的简要内容；结论部分则明确指出了试验得出的优化方案。改后的摘要较好地体现了报道性摘要的诸要素要旨。

结论不当

【案例1-13】

摘要：【目的】探究菌渣还田对反季节淮山产质量及土壤养分的影响，以期【方法】以'那淮1号'为试验材料，设置菌渣（T1）、有机肥（T2）、菌渣+有机肥（T3）3个不同处理和空白对照（CK），分别测定各处理的淮山产量指标、质量指标，以及土壤养分指标。【结果】(1) 不同处理能显著提高淮山产量，其中T3的产量为最高（39328 kg·hm^{-2}）；各处理淮山在出苗后10~160 d不同生长期叶片叶绿素含量均显著高于CK，其中T3的叶绿素含量最高。(2) 不同处理能显著提高淮山块茎淀粉含量和总皂苷含量，以T3为最高，分别为308.4 g·kg^{-1}和0.46 mg·g^{-1}。(3) 各处理均显著提高土壤碱解氮、速效钾、有机质含量和pH值，其中T3与CK比均达极显著水平。【结论】菌渣+有机肥还田优于单菌渣或单有机肥还田，能显著提高淮山产量，改善淮山品质，改良土壤性状。研究结果为淮山高产优质生产和菌渣合理还田提供了理论依据。

【辨析】 GB/T 7713.2—2022《学术论文编写规则》强调，摘要对论文的内容不应加以评论。GB/T 6447—1986《文摘编写规则》指出，文摘要客观如实地反映一次文献，切不可加进文摘编写者的主观见解、解释或评论。本案例摘要中的【结论】部分对研究结果进行了评论，这种写法不妥。该内容可前移至【目的】部分，用于说明研究的意义。

指代不明

【案例1-14】

摘要：【目的】研究日粮不同消化能、粗蛋白和粗纤维水平对育肥阶段苏姜猪血清生化指标和肉质相关基因的影响。【方法】选用162头体重（50.49±4.78）kg的苏姜猪，设定不同DE（11.64、12.24、12.84 MJ·kg^{-1}）、CP（12%、13%、14%）及CF（5%、8%、11%）水平，采用L$_9$（3^4）正交试验设计，设置9组日粮处理，每组3个重复，每个重复6头（公母各半）。预饲期7 d，试验期为

【辨析】GB/T 7713.2—2022《学术论文编写规则》指出，摘要应具有独立性和自明性。GB/T 6447—1986《文摘编写规则》指出，摘要中的缩略语、略称、代号，除非相邻专业的读者也能清楚理解，否则在首次出现时必须加以说明。本案例中的DE、CP、CF等缩略语，应改用中文名称，缩略语可用括号标注。

选词随意

【案例1-15】

不同施氮量对杂交稻茎秆性状及抗倒伏性的影响

关键词：杂交水稻；施氮量；茎秆性状；倒伏指数；影响

【辨析】GB/T 7713.2—2022《学术论文编写规则》指出，关键词应具有检索意义，不应使用过于泛指的词语。本案例中的"影响"属于通用词，因其适用领域广泛，对论文主题内容缺乏专指性，难以起到关键词应有的标引和检索作用，属于无效标引，应予以删去。

主题漏标

【案例1-16】

植物腺毛分泌物研究进展

关键词：植物腺毛；腺毛分泌物；提取分离；功能活性；代谢调控

【辨析】CY/T 173—2019《学术出版规范　关键词编写规则》指出："核心主题因素的具体研究内容应标引。"本案例综述的主要内容包括植物腺毛结构、腺毛分泌物种类、提取分离、功能活性及代谢调控等方面的研究进展，其中，"代谢调控"为反映论文主题的重要内容之一，不应漏标。

词义重复

【案例1-17】

棉籽蛋白水解物水解度 3 种测定方法的比较

关键词：棉籽蛋白；水解度；测定方法；甲醛滴定法；茚三酮法；对苯二甲醛法

【辨析】本案例中的关键词"测定方法"是"甲醛滴定法""茚三酮法""对苯二甲醛法"3个关键词的上位词，其表达意义与这3个词重复，且作为一个通用词，检索意义不大，宜删去。

词序不当

【案例1-18】

饥饿对拟环纹豹蛛体内蛋白酶和脂肪酶活性的影响

关键词：饥饿；拟环纹豹蛛；蛋白酶；脂肪酶；活性（酶）

【辨析】CY/T 173—2019《学术出版规范　关键词编写规则》指出："关键词应按照反映主题的重要性排序。表达核心主题因素的关键词排在前面，表达非核心主题因素的关键词排在后面。"本案例中，若按重要性排序，研究的主体对象"拟环纹豹蛛"宜排在第一位。此外，"活性"应为"酶活性"。

第三节　标题层次问题

序号不符

【案例1-19】

> ① 引言
>
> 不同农牧生产系统对其氮磷利用效率及环境排放有显著影响，阐明不同农牧生产体系、氮磷养分流动和损失特征及其影响因素成为优化不同区域氮磷管理的前提条件，

【辨析】GB/T 7713.2—2022《学术论文编写规则》指出，引言的编号为"0"；如果引言部分不用"引言"二字做标题，则不加章编号"0"。据此，本案例引言编号应改为"0"。

题文接排

【案例1-20】

> 1.2.2 核酸抽提——利用病毒DNA/RNA提取试剂盒、参照说明书分别提取供试病毒和临床样品的DNA和RNA，用作PCR反应的模板。

【辨析】GB/T 7713.2—2022《学术论文编写规则》指出："各层次章节编号全部顶格排，其后空1个汉字的间隙接排标题，标题末尾不加标点，正文

另起行。"根据该规定，本案例中标题后不宜接排正文，正文宜另起行。

分级过多

【案例1-21】

> 1) 1.2.1.2 铜藻液体肥制备
> 1.2.1.2.1 铜藻液体肥 M（酶法制备）：取铜藻洗净晾干，经粉碎机打成干粉，过60目筛制成铜藻干粉。

【辨析】GB/T 7713.2—2022《学术论文编写规则》指出："正文部分应根据需要划分章节，一般不宜超过4级。"据此，本案例第五级章节宜改为列项说明，可使用列项编号"1）"。

遣词不当

【案例1-22】

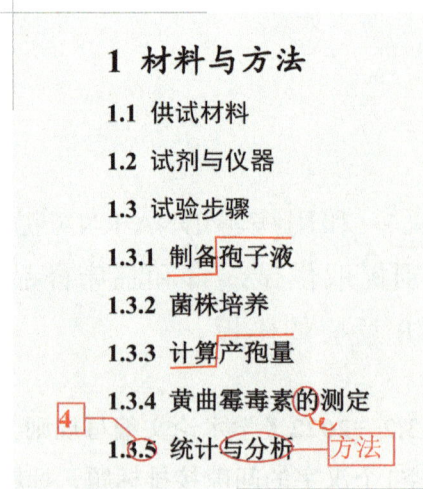

【辨析】本案例为材料与方法部分的第二、第三层级标题。同层级标题的要求是逻辑关系要一致，同时其词语结构也应相同或相似，最好意义相关，语气一致。本案例的第三层级标题为递进关系，但表述较混乱。其中，有的是主谓词组，有的是动宾词组。宜全部改为主谓词组，以使表达一致。此外，"统计与分析"不属于"试验步骤"，宜上升为第二层级标题；由于"分析"属于结果部分，而非材料与方法的内容，因此"统计与分析"宜改为"统计方法"。

层次不清

【案例1-23】

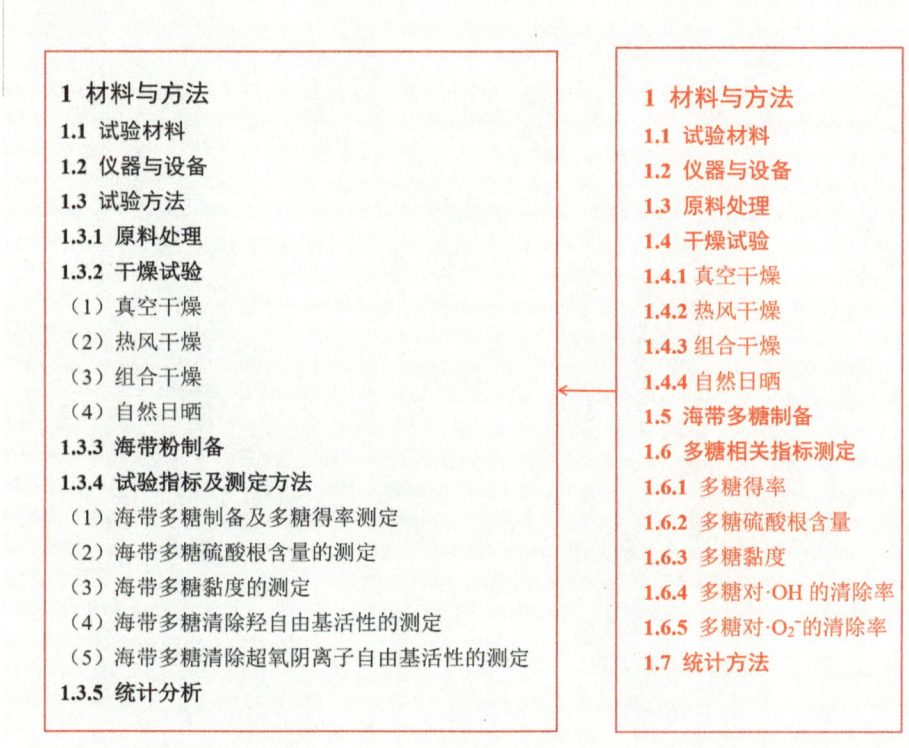

【辨析】本案例为《干燥方法对海带多糖得率及其部分理化性质的影响》

一文"材料与方法"部分的各层级标题。"1.3　试验方法"之下的层级标题涵盖的内容过多，分级过细；逻辑层次较为混乱，既有并列关系，又有递进关系，还有包含关系。此外，标题中大量重复上级标题中已有的说明性或限制性词语。为此，按试验递进关系，将"试验方法"细分为"原料处理""干燥试验""多糖制备""指标测定""统计方法"5个部分，并在"干燥试验"和"多糖相关指标测定"标题下设立第三层级标题，第三层级各标题间呈并列关系。修改后既简洁又层次分明。

第二章 语言文字

第一节 易混淆的字

"粘"与"黏"

【案例2-1】

> 招募 10 名食品专业人员(年龄 20~30 周岁,男女比例 1:1)组成感官评价小组,对米发糕的硬度、粘性、咀嚼性、香气、完好性进行感官评分[23],评价标准见表 1。评定米

（"粘性"的"粘"应为"黏"）

【案例2-2】

> 以用在由于雨滴撞击引起的叶片振动。理论上,将 PVDF 压电薄膜黏贴在叶片上,就可以监测叶片的振动状况,但目前直接测定叶片在雨滴撞击下的振

（"黏贴"的"黏"应为"粘"）

【案例2-3】

龙鱼长粒香米:产于吉林省白城市;5号金龙鱼油黏米、7号江南鹤山水丝苗米、8号太粮香软米:产于广东省东莞市;6号孟乍隆泰国茉莉香米:产于泰国;1~4号

（批注：黏→粘）

【辨析】1955年《第一批异体字整理表》将"黏"作为"粘"的异体字淘汰;1965年发布的《印刷通用汉字字形表》恢复了"黏"字;1988年发布的《现代汉语通用字表》和2013年发布的《通用规范汉字表》确认"黏"为规范字。据此，凡是作为形容词，表示具有黏糊意义的合成词，均应使用"黏（nián）"字，如"黏虫""黏膜""黏液""黏性"（案例2-1）等，而不应再用"粘"字。"粘（zhān）"只作动词，表示用黏的东西使物件连接起来，如"粘连""粘贴"（案例2-2）。油粘米是一种优质食用米，油脂量高，饭面泛起油光，把饭粒放到纸上有油迹留下，就好像粘上了油的大米，故称为"油粘米"（案例2-3），而不是指黏性很强的米。

"炼"与"练"

【案例2-4】

宝作为试验材料。不同生长时间金线莲样品：组培生根阶段6个月的试管苗，试管苗练苗7~12 d后移栽至大棚种植12个月、18个月及24个月。分别取

（批注：练→炼）

【辨析】"练"和"炼"音同形近，在应用中有时易被用混。"练"可作名词、动词和形容词：作名词指的是丝织品，如"江平如练";作形容词表示与反复实践和经验积累有关，如"熟练""老练""干练"等;作动词意在

求熟，如"练习""练功""勤学苦练"等。"炼"只作动词，指锻造和磨砺的意思，意在求精，如"锻炼""磨炼""千锤百炼"。最难区分的是二者皆作动词又单独使用时的选择。辨识方法：凡求熟者用"练"，凡求精者用"炼"。如"练字"仅指反复练习写字使书写技艺熟练，而"炼字"专指写作时精心推敲用字。本案例指试管苗在定植前进行强化锻炼，使其逐渐适应定植的环境，这一磨炼过程称为"炼苗"。

"灸"与"炙"

【案例2-5】

艾草俗称医草、香艾、灸草及艾等，为菊科宿根草本植物，广泛分布于全国各地，常生长于低海

【案例2-6】

半夏［*Pinellia ternata*（Thunb.）Breit］为天南星科多年生草本植物，以块茎入药，是一种重要的传统中药材，炮炙后具有润燥化痰，降逆止呕，消痞散结之功效，已有2000多年的用药历史。近年来人们

【辨析】"灸（jiǔ）""炙（zhì）"两个字形体相似，常被用错。"灸"是中医的传统疗法之一，如"针灸""艾灸""灸草"（案例2-5）。"炙"的本义是指用火烤肉，其组成的词语多与烧烤或烤制的食物有关。在中医领域，"炙"也指药物的炮制方法之一，称为"炮炙"（案例2-6）。

"粱"与"梁"

【案例2-7】

TCP 基因，玉米 52 个[20]、小麦 28 个[21]、水稻 27 个[16]、高梁 27 个[9]、棉花 73 个[22]、谷子 26 个[23]、拟南芥 24 个[24]和牡丹 18 个[25]等，而在苋菜中鉴定出 14 个

【辨析】 "梁"的偏旁部首是"木"，与木头或建筑有关，如房梁、桥梁等。"粱"的偏旁部首是"米"，与粮食有关，主要指谷物品种，如"高粱"，为禾本科高粱属一年生草本植物。本案例为形近错别字。

"蘖"与"孽"

【案例2-8】

方式为复合肥（15-15-15）1 200 kg·hm^{-2} 作基肥，尿素（含氮 46%）150 kg·hm^{-2} 作分孽肥，磷酸二氢钾（含氧化钾和五氧化二磷 52% 和 34%）102 kg·hm^{-2} 作穗肥。具体稻田共育品种材料见表 1。

【辨析】 "蘖"通常指植物的新芽、嫩枝、侧芽等部分，是植物生长发育的重要部分，如"分蘖"。"孽"字的基本含义包括有害的事、奸邪不正的行为，如"造孽"。本案例为音同形近的错别字。

"帐"与"账"

【案例2-9】

艺流程顺畅，同时建立病死猪收集运输、设备操作规程、台帐登记、卫生消毒、应急响应等制度。二是在病死猪收集方面，采用上门收集和定点收集相

【案例2-10】

> 可将料袋搬入接种账中接种。接种前按每立方米接种账用气雾消毒剂 3 g 的剂量消毒 30 min，

【辨析】《第一批异形词整理表》规定，"账"字主要用于与货币和货物出入的记载、债务等相关的语境，如"账本""报账""台账"（案例2-9）等。而"帐"字则专用于表示用布、纱、绸子等制成的遮蔽物，如"蚊帐""帐篷"等。食用菌接种用的帐篷，是用蚊帐式塑料薄膜制作的，称为"接种帐"（案例2-10）。

"垩"与"恶"

【案例2-11】

> 率 15.9%，恶白度 0.7%，胶稠度 80 mm，直链淀粉含量 16.1%，碱消值 6.7 级，透明度 2 级，米质达部标优质二级（表1）。米饭软硬适中，饭味足。

【辨析】"垩"与"恶"，音同形近，但意义不同。"垩"的本义为白色土。垩白是稻米胚乳中呈白色且不透明的部分。水稻垩白形成的原因是稻米中的胚乳淀粉粒之间存在空隙，从而引起透光性改变。垩白度是指稻米中垩白部位的面积占米粒投影面积的百分比，是稻米外观品质的重要指标之一。本案例为用拼音输入法将"垩"字误输入为"恶"字。

"螯"与"鳌"

【案例2-12】

株根系变长,铁**鳌**(螯)合物还原酶的活性显著增强[14];缺磷条件下,水稻过表达 bHLH TF（OsPTF1）能增

【辨析】"螯"与"鳌"音同形近,但在意义和用法上有所区别。"鳌"为传说中海里的大龟或大鳖,与神话故事有关。古代皇宫大殿前石阶上刻有鳌的头,科举考中新科状元者立在鳌头处迎榜,谓之"独占鳌头"。"螯"指节肢动物的第一对脚,形似钳子,如螃蟹的螯。螯合物是一种特殊的配合物,其中心原子与多齿配体通过配位键形成稳定的结构,这种结构类似于螃蟹的螯紧紧夹住中心体,因此得名。

"洒"与"撒"

【案例2-13】

在移栽前 3～5 d 用 75% 三环唑 1 500 倍液配合其他农药喷**洒**(撒)秧苗作送嫁药,可有效预防叶瘟。破口期与齐穗期用 40% 稻瘟灵乳油 1 500 mL/hm² 或可

【案例2-14】

径 17 cm/高度 19 cm）2/3 高度处,压实土壤,均匀**撒**(洒)种,（理论播种量均为 159.2 g·m^{-2},每盆理论播种量为 5 g,露地播种损耗比例为 15%),然

【辨析】"洒"主要用于液体,当描述水或其他液体分散落下时,通常使用"洒"。农药兑水成液状,喷施秧苗应使用"洒"(案例2-13)。"撒"主要用于固体,当描述颗粒、粉末、片状物等固体分散落下时,通常使用"撒"。种子是固体,播种应使用"撒"(案例2-14)。

"筹"与"畴"

【案例2-15】

乡镇政府认为,村组公益事业建设"一事一议"筹资筹劳是村民自治范筹内的事,争取"一事一议"财政奖补是村一级的决策,只要村一级选定

(畴)

【辨析】"筹"的本义指计数的用具,古代多用竹子制成,如"筹算""筹码"。此外,"筹"亦指谋划,如"筹划""统筹"等。"畴"的本义是已经耕作的田地,后来又引申为"农作物种植的分区",从"分区"又能引申为"种类"等。所以表示"范围""领域"的意思应使用"范畴"。"筹"没有范围的意思,"范筹"说不通。本案例为同音错别字。

"桨"与"浆"

【案例2-16】

1.4.1 料水比对豆腐皮形成影响的研究 采用传统砂轮磨和胶体磨各磨桨1次,磨时采用不同的加

【辨析】"桨"与"浆"音近形近,打字时容易出错。"桨(jiǎng)"从"木",多指木制的划船用具,如"螺旋桨"。"浆(jiāng)"多指代浓液,如"豆浆""磨浆"。

"既"与"即"

【案例2-17】

鲜食玉米是[即→既]可作主食又可作蔬菜食用的一种玉米，可分为甜玉米、糯玉米或水果玉米。其特点

【辨析】 "即"表示承接关系或转折关系，为连词，与"则""乃"用法相近。"既"表示推论因果关系，或表示并列关系、递进关系，可用作副词，也可用作连词。"既……又……"是表示并列关系的关联词，"即"不能与"又"搭配表示并列关系。本案例为音形相近的错别字。

"博"与"搏"

【案例2-18】

持续植保的最强保障是全民坚持人与自然和谐共生，政府、科技工作者、农业生产者、消费者、农资企业在[搏→博]弈中实现纳什均衡，统筹兼顾各方利

【辨析】 "搏"为形声字，从手尃声，作动词，本意为捕捉，或对打、格斗，如"拼搏""搏斗"。"博"为会意字，从"十"和"尃"，可作动词、名词和形容词。"博"基本义指"大"，又引申指"广""多""丰"，包括学识、见闻、知识和方法等，如"渊博""博学"。"博弈"喻为谋利而竞争。

"颗"与"棵"

【案例2-19】

过筛，进行指标测定。摘取每颗树全部鲜果进行称重即为油茶鲜果产量。

棵

【辨析】 "棵"和"颗"都是量词，但用法有别："棵"通常用于计量树木、草木等植物整体的数量，"颗"多用于计量果实、种子等植物粒状个体的数量。本案例指树体的量词，应用"棵"。

"症"与"征"

【案例2-20】

水泥池。试验虾经检测不携带虾肝肠胞虫、急性肝胰腺坏死病毒、对虾白斑综合症病毒、十足目

征

【辨析】 "症"通常指的是症状，这些症状可能是疾病的直接表现，也可能是躯体对疾病反应的间接表现。"征"是指一系列症状的集合，这些症状往往与某种特定的疾病或病理状态相关联。综合征可能涉及多个器官或系统，表现为一组复杂的症候群。区分的方法是：凡病名都作"症"；不是具体病名而属于疾病表现出的征象，则用"征"。

"砂"与"沙"

【案例2-21】

湖湿地边缘带0～60 cm土壤盐分分布情况,以期为艾比湖湿地边缘带土壤砂化以及盐渍化的治理提供参考。

【案例2-22】

响应面等数学模型对鄂柑一号、赣南纽荷尔脐橙、沙糖橘、温州蜜柑、金柑等柑橘品种果皮总黄酮进行超声波提取,提取溶剂为乙醇,最适宜的浓度在

【辨析】 "沙"字偏旁为三点水,意指因水冲刷形成的碎石粒,常用来表示自然界的"沙土",如"沙尘""沙漠""沙化"等。"砂"为后起的"沙"的分化字,偏旁为石旁,意指加工形成的细碎石粒,引申为表示人造的物品,如"砂布""砂锅""砂糖"等。据此,案例2-21中"土壤砂化"应改为"土壤沙化";案例2-22中"沙糖橘"应改为"砂糖橘"。

"辨"与"辩"

【案例2-23】

的,这要求ORNs能够在高背景气味干扰下短时间内在不同浓度挥发物中精细地分辩出相关的寄主主体气味线索[19]。芒果壮铗普瘿蚊对芒果叶片的

【辨析】"辨"与"辩"经常容易混淆,其实它们在词性、意义和用法上是有明显区别的。"辨"字古代的篆隶书写法为"辨",表示用刀把物体剖开,以分辨其内部的不同。它强调通过观察分析来识别事物之间的差异,如"辨认""辨别""辨析""明辨是非"等。"辩"的部首是"讠",与说话有关,表示通过语言来说明见解或主张,如"辩护""辩白""辩论""能言善辩"等。本案例中"分辨"指通过试验分析而不是通过语言来区分种质的来源,因此要用"辨"。

"睛"与"腈"

【案例2-24】

毒力最弱,EC_{50}为 0.219 9 mg·L^{-1}。试验结果说明,咯菌睛对红心莲毁灭炭疽菌的毒力最强,而多菌灵对该病原菌的毒力最弱。

【辨析】"睛"与"腈"音同形近意异。"睛"指眼睛、眼球。"腈"是有机化合物的一类,是烃基和氰基的碳原子连接而成的化合物。咯菌腈是一种由人工合成的广谱、非内吸性的吡咯类杀菌剂。本案例属于形近错别字。

"秆""杆""干"与"竿"

【案例2-25】

弯矩、弯曲力矩等力学性状是影响水稻抗倒能力的重要因素之一[26-27]。同样,茎杆剖面结构也是影响水稻抗倒伏能力的重要因素之一[28]。大小维管束数

【案例2-26】

可见，油茶蓝翅天牛幼虫在油茶树枝杆上的分布具有较强的选择性，喜欢选择枝角小于60°、枝龄3～6 a、枝径1.5～2.2 cm、枝下高40～59 cm的枝条 [干]

【辨析】"秆"通常是指禾本科植物的茎，如麦秆、高粱秆等。"杆"通常指较长的棍状物或像棍子的细长部分，如旗杆、电线杆、笔杆、秤杆等。"干"指事物的主体部分或重要部分，如树干、骨干等。"竿"主要指竹子的主干，如钓竿、竹竿等。案例2-25中水稻为禾本科作物，茎部称为"茎秆"；案例2-26中茶树的枝条是树体的重要部分，称为"枝干"。

第二节　易混淆的词

"标志"与"标识"

【案例2-27】

关键词：新型非粮蛋白源；表观消化率；大黄鱼

中图分类号：S965.3　　文献标识码：A [志]

【辨析】"标识"用作名词时意为"表明事物特征的记号"，用作动词时意为"标明或显示某种特征"。"标识"作名词时，应改为"标志"。在教育部和国家语言文字工作委员会发布的GF1001—2001《第一批异形词整理表》

中，"标识"作为异形词已不再使用，规范为"标志"。《现代汉语规范词典》的"标志"词条下就明确指出"不要写作'标识'"。

"实验"与"试验"

【案例2-28】

当代人"回归自然"的要求。茶叶可以防治多种疾病已日益为科学⑨实⑩验所证实。例如：茶叶中所含多酚类物质（尤其是儿茶素）可以有效抑制癌细胞的

【案例2-29】

10月4日，按照第一次的浓度进行第二次喷洒。德保⑨实⑩验田土壤pH为7.66，总镉含量为2.33 mg·kg^{-1}，总砷含量为10.86 mg·kg^{-1}，总铬含量为0.35 mg·kg^{-1}，

【辨析】"实验"和"试验"是农业科技期刊常用的词汇，两词在实际应用中非常容易混淆。"实验"指为检验某种理论或假设而进行的操作或活动，重在验证、求证。案例2-28中，茶的医药功效已被科学研究所证实，这里宜使用"科学实验"。"试验"指为了察看事物的结果或性能而从事的某种活动，重在试探、观察，结果多为未知。案例2-29中试验田是开展农业科学研究的对象，与开展农业科学研究的场所"实验室"不同，因此不宜写成"实验田"。农业科技论文涉及的农业科学研究多为探索未知的领域，在大多数情况下宜使用"试验"。

"截至"与"截止"

【案例2-30】

> 专用糯稻的重要研究方向[4]。近年来，我国在糯稻杂种优势上已取得了明显进展。截~~止~~(至)2023年，我国推广应用的糯稻品种944个，其中粳型572个，籼型

【辨析】 "截止"和"截至"音近义近但意不同。"截止"表示到某个时间点后事件将停止，强调的是"停止"的动作。"截至"强调的是事件到某个具体的"时间点"，以此为统计边界，但事件未必停止，可有后续。此外，"截至"后面通常带有具体的时间。本案例中，2023年以后糯稻仍会继续推广，不会停止，所以应该用"截至2023年"。

"必须"与"必需"

【案例2-31】

> 皮肤出现蓝灰色斑块，幼鱼体表常因虫体刺激而炎性水肿变得破烂不堪。诊断时很难通过外观来判断，必~~需~~(须)通过镜检进行确诊。

【案例2-32】

> 茶园套种与荫棚覆土栽培的灵芝子实体均检测出18种氨基酸成分（表3），其中必~~须~~(需)氨基酸含量均占氨基酸总含量的42%以上，EAA/NEAN值均在

【辨析】 "必须"与"必需"的意思相近，但词性和用法都不同。"必

须"是副词,只作状语,表示"一定要(怎样做)"或"非这样(做)不可"的意思,强调行为的必要性。而"必需"是动词,表示"一定要有",其后一般带名词,形成动名词,或构成动宾结构。案例2-31中"通过"是动词,修饰动词的是副词,作状语,因此应用"必须"。案例2-32中的"氨基酸"是名词,前面应使用动词"必需",形成动名词"必需氨基酸"。

"通讯"与"通信"

【案例2-33】

收稿日期:2022-10-23　　修回日期:2023-04-07
作者简介:▨▨▨(1994—),女,硕士研究生,主要从事林木育种研究
　　　*通讯作者:▨▨▨(1978—),女,教授,主要从事林木育种研究

【辨析】"通信"是动词,《现代汉语词典》(第7版)解释为"用书信互通消息,反映情况",或"利用电波、光波等信号传送文字、图像"。"通讯"有两种解释:一是"通信"的旧称,二是指翔实而生动地报道客观事物或典型人物的文章,如"通讯社""通讯员"。科技期刊论文的联系人用英文表述为"Corresponding author",其中"Corresponding"译为"相应的""通信""符合"。既然"通讯"是"通信"的旧称,且英译的词意也是"通信",因此用"通信作者"才是正确的。

"为害"与"危害"

【案例2-34】

哥等国家[6];随后在非洲地区快速扩散蔓延,2017年4月,12个非洲国家发生草地贪夜蛾的为害[7];2017年9月,撒哈拉以南的28个非洲国家证实草地

【案例2-35】

也给田间灰霉病菌的积累提供了有利的小环境，病菌危害的程度也在逐年的加重[12]。由于生产上还

（为）

【辨析】 "为害"与"危害"为近义词，都含有使受害和损害的意思。"为害"只作动词，其中的"为"相当于"使"，"为害"指"加害于""使……受到损害"，它强调的是行为的本身，而不在其结果，该行为涉及的对象多为动植物。"危害"可作动词或名词，作动词表示损害的行为，但它着眼于行为的结果，程度比"为害"深，其行为涉及的对象包括人和其他事物。作名词时常构成"造成危害"之类的动宾结构，或后缀加"性"构成"危害性"之类的名词，而"为害"没有作名词的用法。案例2-34中"草地贪夜蛾"后面加的是名词，应使用"危害"；案例2-35中强调病菌为害的程度本身，不在结果，所以宜使用"为害"。

"原形"与"原型"

【案例2-36】

坚实度，弹性反映的是被测样品经历挤压发生形变后恢复原型的能力，回复性和弹性相似，表征的是食物

（形）

【案例2-37】

根据系统发育学分析[8]，PRRSV可分为2个基因型，即Ⅰ型（欧洲原形LV代表株）和Ⅱ型（美洲VR2332代表株）。最新的研究表明，Ⅱ型包含9个

（型）

【辨析】"形"常作为名词、动词或形容词使用，主要指物体的形状、外貌，或抽象的形态、表现等。"原形"通常指的是事物本来的样子或状态，没有经过任何改变或伪装。案例2-36中果实恢复原先的形态，应称为"原形"。"型"为名词，原义指铸造器物用的模子，后来引申为事物的类别、样式或类型。"原型"指产品设计的早期阶段创建的模型，或事物原先分类。案例2-37中"LV代表株"属于一种基因类型，即"欧洲原型"，应使用"型"字。

"结合"与"接合"

【案例2-38】

> 本文选取黄淮海平原国家粮食主产区徐州市城乡结合（接）部为研究区，采集现状为设施大棚、果园、杨树林、草地、公路景观林和撂荒等6类典型非粮化

【辨析】"接合"意思是连接使合在一起，所指比较具体。各个部分除连接部外，依然各自独立。"结合"意思是人或事物之间发生密切联系，并非一定要合在一起。它所指比较抽象，强调相互融合成为一个整体。本案例中的"城乡结合部"指的是城市外围兼具城市和乡村两种土地利用特点的城乡过渡地带，没有涉及城乡融为一体的意思，用"接合"更为贴切。

"制订"与"制定"

【案例2-39】

> 2.2 国内法规体系
> 国内农业部门制订（定）了一系列关于生物育种的法规，包括了对新品种的认证与审定、对种子质量的要

【案例2-40】

> 明。通过揭示CFEM蛋白的功能，其作用靶标与上下游信号网络及其起源和分化，将有助于阐明CFEM蛋白的生理功能，进一步丰富植物-病原物相互作用机理，为作物病害防控策略的制定提供参考。 ——订

【辨析】"定"的本义指安定，引申为决定、确定、规定等，如"定论""稳定"。"订"的本义为评议、评定，引申为经过研究商讨而立下，如"订合同""订正"。"制定"强调确定下来正式实施；而"制订"强调创制拟定（后续还可以进一步完善）。因此"法规"一般用"制定"（案例2-39），"策略"一般用"制订"（案例2-40）。

"概率"与"几率"

【案例2-41】

> 安3号，类群Ⅵ包括福榄1号和牛榄2号。大部分样本归属所对应类群的几率较高，而清榄1号归属类 ——概

【辨析】《现代汉语词典》（第7版）对"几率"的解释是"概率的旧称"。"旧称"是指历史上曾经使用过的称呼或术语，这些称呼或术语在发展过程中逐渐被新的称呼或术语所替代。据此，"几率"属于不规范词形，应统一改为规范词形"概率"。据统计，农业科技期刊中有近1/3的文章仍在用"几率"表示"概率"，编辑须注意词语的规范表达。

"富余"与"富裕"

【案例2-42】

达 16 万元左右。养羊既可解决富裕[余]劳动力创业增效，又能利用当地资源增加农民收入，还能兼顾老

【辨析】 "富余"强调剩余，可指财、物或人。"富裕"强调充足、宽裕，一般指经济状况。富余劳动力指的是剩余劳动力，不能用"富裕"。

"途经"与"途径"

【案例2-43】

低（$P<0.05$）。其研究结果可为开发该病害的生物防治技术途经[径]提供依据。

【辨析】 "途经"作动词用，表示具体经过（某个地方）。"途径"作名词用，指路径、方法等。本案例中表示技术路线的词形，应使用"途径"。

"中止"与"终止"

【案例2-44】

气。生物黑炭的固碳原理就是中[终]止自然的碳循环，在碳循环的步骤止步于植物有机质腐化分解之前，以生物黑炭的形式将碳固定下来并长期储存在土壤

【辨析】"中止"多用于事情进行中因故停止,后续有可能恢复继续进行。"终止"则表示事情已结束,不会再继续进行了。从本案例文意看碳循环既已止步,则应用"终止"。

"功夫"与"工夫"

【案例2-45】

作技艺)[13]、花茶制作技艺(福州茉莉花茶窨制工艺)[14]、红茶制作技艺(坦洋功夫茶制作技艺)、乌龙茶制作技艺(漳平水仙茶制作技艺)[15] 6个

（"功夫"处标注改为"工"）

【辨析】"功夫"主要指的是本领、造诣,还可以特指中国传统的武术技能。"工夫"则主要指时间和精力。在用法上,"功夫"多与武术、技能等词汇搭配使用,如"武术功夫""烹饪功夫"等,表示在这些方面所达到的技能或本领。"工夫"则多与具体的事情或任务搭配使用。"工夫茶"的意思是"花费时间、精力、力气制作出的好茶"。

"熔化""溶化"与"融化"

【案例2-46】

凝胶的凝固温度在30~45℃,而凝胶的融化温度高于100℃,这主要取决于阳离子类型和浓度等条件。结冷

（"融化"处标注改为"熔"）

【案例2-47】

> 1.1 床土准备
> 　　床土宜选择无砾石的菜园土、熟化的旱田土、稻田土，先进行碎土、过筛、拌易融化的化肥，最好是有效成分含量48%（16-16-16）的进口复合肥，

（"融"字标注为"溶"）

【案例2-48】

> 　　（融）晶，一般发生在重结晶的早期。迁移是在温度的影响下，小晶体先熔化，熔化的水移动到较大晶体表面，形成更大的冰晶，移动速度取决于浆料的黏度，黏度越高，移动扩

（"融"字标注替换"熔"）

【辨析】"熔化""溶化""融化"3个词音同义近，使用中要根据具体的语境而定。"熔化"常用于物理学，指加热到一定程度的物质由固态变为液态的过程，此过程需要吸收热量，因而从火字旁。"溶化"常用于化学，指固态物质在另一种液态物质中溶解扩散过程，此过程不需加热，但必须有液体，故从三点水旁。"融化"指冰雪变成水的过程；也可用于文学描写，如"温柔的小诗能融化你的心"。案例2-46中凝胶需要加热至高于100℃才能变为液体，应用"熔化"；案例2-47中化肥易溶于水用"溶化"；案例2-48中冰晶化为水用"融化"。

第三节　语法问题

结构歧义

【案例2-49】

【辨析】《现代汉语词典》（第7版）对"瓶颈"解释为，比喻事物进行中

· 35 ·

2 ~~制约~~农业集约化经营的瓶颈

近年来，尤溪县在培育农业主导产业，加强土地流转，提高经济效益等方面取得了明显的实效。但容易发生阻碍的关键环节。"制约"解释为，甲事物本身的存在和变化以乙事物的存在和变化为条件，则甲事物为乙事物所制约。在本案例中，结合上下文语义，"瓶颈"和"制约"意思相近，前后连用造成语义重复，应删去"制约"。

搭配不当

【案例2-50】

上。淮山根外喷施块根块茎膨大素必须在藤叶健全的基础上才能发挥（起到）良好效果，故应加强常规管理和病虫害防治。

【案例2-51】

【研究意义】褐苞薯蓣（*Dioscorea persimilis* Prain et Burkill）为薯蓣科（Dioscoreaceae）薯蓣属（*Dioscorea* L.）植物，广泛分布于我国南方各地，适应性强，产量大（高），是山药市场的重要组成部分，在

【辨析】本组案例为词语搭配不当。案例2-50中"发挥"通常与"作用"或"能力"搭配，而非"效果"。描述某种行为或措施产生预期结果或影响，可使用"起到""收到""达到"等动词。"产量大"通常指农作物总产量多，"产量高"更强调单位面积产量，案例2-51提及的是褐苞薯蓣的单

产，故宜用"产量高"。

宾语残缺

【案例2-52】

产生耐药性。早在1980–1990年间就有养殖户发现，需要使用更昂贵的驱虫药才能达到有效治疗[5]（的效果），因此寻找控制消化道线虫病的替代方法极为迫切。筛选

【辨析】本案例中，"达到"作为动词，通常与表示程度或结果的宾语搭配，如"达到目标""达到标准"等。"有效治疗"是名词性短语，与"达到"搭配不当，应改为"达到有效治疗的效果"。

句式杂糅

【案例2-53】

重等3个产量构成指数，但极显著降低了每穗总粒数。其原因是由于穗粒数与有效穗数之间存在一定的负相关所致。并且湖南辰溪生境的湘晚籼17号产

【案例2-54】

稻瘟病品种。常香粳1813是适宜江苏省沿江和苏南稻区种植的香软米水稻品种，根据试验结果显示，常香粳1813基因组含有 *Pid2*、*Pid3* 和 *Pib* 稻

【辨析】案例2-53中,"原因""由于"和"所致"都是表示因果关系的词语。"原因是由于……所致"这种表述属于句式杂糅,句子语义重复。改法是保留其中一个表示因果关系的词即可。案例2-54中,"根据"引导的原因状语从句与"显示"引导的主句同时出现,导致句式杂糅,应删去"根据"或"显示"。

成分赘余

【案例2-55】

我国拥有丰富的自然资源和人文资源,但目前资源保护现状令人堪忧,急需借鉴国外国家公园体制优秀的管理模式,以实现资源的有效保护与可持

（"堪"改为"担"）

【案例2-56】

素是目前开发最成功的大麦苗制品,麦绿素对人体的保健功效受到社会关注和认可,在日本等国家广泛推广,近年来我国对麦绿素的研究和开发也逐渐

（"广泛"改为"大力"）

【辨析】案例2-55中,"堪"意思是"能""可以","堪忧"意思是十分令人担忧。如果前面再加上"令人",会造成语义重复。改法是将"堪忧"改为"担忧",或者删去"令人"。"广泛"是形容词,指范围广;"推广"是动词,指扩大范围。二者语义有重复。因此,案例2-56中"广泛推广"可改为"大力推广"。

生造词语

【案例2-57】

长、花色艳丽或独特、叶形奇特的个体。但实际园林栽培中有的紫花风铃木个体表现不尽人意，存在长期不开花、花量少等问题。目前我国引种的紫花

【辨析】"尽"是"完全""都"的意思。"不尽如人意"意为"不完全合乎人的心意"，其中的"如"字不能省略。"不尽人意"会被理解为"不完全人的心意"，这样的表述意思不通。

词类误用

【案例2-58】

脲的防效（78.68%和79.49%，$P<0.05$）。6种供试药剂对草地贪夜蛾的持效性均较好，药后3 d对草地贪夜蛾的校正防效均达90%以上，防效间差异均不

【辨析】"达"表示达到某种程度或数量，"以上"表示超过某种程度或数量，二者同时使用会产生逻辑矛盾。本案例中"达90%以上"应改为"超过90%"或"在90%以上"。

词序颠倒

【案例2-59】

酚提取物对 HepG2 细胞糖脂代谢的影响，发现白茶茶多酚在降低血糖和胆固醇摄入方面较绿茶和红茶更强[2]。近年来许多国内外研究表明，

【案例2-60】

优质的水稻品种，尽量选择较强抗病能力和较高产量的水稻品种，在此过程中，相关人员需要保证选择的

【辨析】从案例2-59的语义看，"许多"作定语，所修饰的名词应为"研究"，而不是"国内外"，因此宜改为"国内外许多研究"，使之清晰通顺。在案例2-60中，描述水稻品质优良的定语，选用"较强""较高"等形容词作中心词，不仅逻辑更合理，语气也更强烈。

第三章 专业术语与符号

第一节 专业术语

"炭"与"碳"

【案例3-1】

化性质之间存在紧密联系,土壤性质如土壤有机炭【碳】(SOC)、pH等环境条件可导致磷循环相关基因丰

【案例3-2】

不同类型生物碳【炭】均有效提高了土壤大团聚体含量与稳定性,对减缓林地土壤侵蚀与退化具有积极

【辨析】"炭"与"碳"音同义近,在科技活动中曾长期混乱使用。为此全国科学技术名词审定委员会于21世纪初组织专家进行广泛讨论,形成了共识。"碳"是元素C的中文名称,凡涉及元素碳单质及碳化合物的名词均用

"碳"字描述，如"碳化""碳键""增碳""有机碳"。凡能燃烧的物质和衍生物及其有成因的物质，均用"炭"字来组合，如"煤炭""木炭""活性炭"。案例3-1中土壤有机碳是指土壤中所有含碳元素有机物质的总称，这里都涉及碳元素，应用"碳"字。案例3-2中生物炭是一种作为土壤改良剂的木炭，能帮助植物生长，既为木炭，则应用"炭"字。

"橘"与"桔"

【案例3-3】

研究表明，过低和过高的磷会抑制柑桔植株对氮、铁、钾和锌等其他营养液离子的吸收，导致柑桔营养不良，生长受阻。

【辨析】"橘"与"桔"在农业科技期刊中常被错用。"橘（jú）"为果木名，系芸香科柑橘属常绿植物，如"橘子树"及其果实"橘子"。"桔"有两个读音：读jié者，是作为词素组成"桔梗"（一种中药材）；读jú者，是"橘"的俗体字，俗体字是不规范汉字。因此，凡表示芸香科柑橘属果树及其果实，以及与其相关的意义时，都应当用"橘"。"桔"并非"橘"的简化字，1977年《第二次汉字简化方案》虽将"橘"简化为"桔"，但该方案于1986年废止，因此将"橘"写成"桔"是错误的。

"薹"与"苔"

【案例3-4】

不结球白菜作为十字花科芸苔属中重要的叶用蔬菜，品种繁多，市场需求巨大，但由于长期的人工选择，导致其遗传多样性降低，种质资源日益狭

【案例3-5】

苏前富等[25]在种衣剂中添加芸苔（油菜）素内酯等类生长调节剂可以帮助大部分玉米种子在发芽时避免药害产

【辨析】在农业科技期刊中，把"苔"当作"薹"用的现象非常普遍。"薹"和"苔"是两个不同的概念，它们分别代表了不同的植物现象。在植物学中，"薹"是指植物生长点的延伸，如某些植物的嫩芽或花茎。"苔"在《现代汉语词典》（第7版）中有两种解释：一是指苔（tái）藓植物，一类没有真正根、茎、叶分化的植物；二是指舌苔（tāi）。"苔"不是"薹"的简化体，需注意"薹"没有简化形式。芸薹是十字花科芸薹属的植物，又称油菜。案例3-4中"芸苔"应改为"芸薹"；案例3-5中，作为植物生长调节剂的"油菜素内酯"，同样也不建议写成"芸苔素内酯"。

"同功酶"与"同工酶"

【案例3-6】

采用非变性凝胶分离样品中的支链淀粉合成酶，那些以直链淀粉为底物的支链淀粉合成酶的同功（工）酶，可在各自的迁移位置将预先添加在凝胶中的

【辨析】同工酶是指催化相同化学反应但分子结构、理化性质和免疫学性质不同的一组酶。全国科学技术名词审定委员会公布的《生物化学与分子生物学名词》中，只有"同工酶"的规范词，没有"同功酶"的提法。

"抗生素"与"抗菌素"

【案例3-7】

MDGPV)[3]。临床上使用抗菌素和番鸭细小病毒病疫苗、鹅细小病毒病疫苗均不能控制病情,给养鸭业造成巨大的经济损失[4]。通过对临床疑似番鸭

(圈改:菌→生)

【辨析】抗生素是从微生物培养液中提取或由人工合成的具有抗其他微生物作用的活性物质。抗生素以前被称为抗菌素。1981年我国第四次全国抗生素学术会议指出,抗生素的作用,除了抗菌外,在抗肿瘤、抗病毒,以及抗原虫、寄生虫和昆虫等方面也有显著作用。鉴于"抗菌素"早已越出了抗菌范围,继续使用"抗菌素"这一名词已不能适应专业的进一步发展。因此会议决定将"抗菌素"正式更名为"抗生素"。

"菜豆"与"莱豆"

【案例3-8】

1.1 试验材料

供试材料为从福建莱豆主产区(莆田市和龙岩市)征集保存的22份品种资源,详见表1。选取各个品种新鲜嫩叶3～4片,用锡箔纸包好,置于冰盒

(圈改:莱→菜)

【辨析】菜豆(*Phaseolus vulgaris* L.)是豆科菜豆属一年生、缠绕或近直立草本植物,又名四季豆、芸豆;莱豆(*Phaseolus lunatus* L.)也是豆科菜豆属的豆类植物,又名利马豆。菜豆和莱豆为同科同属不同种植物,两者字形相似,容易出错,须注意辨别。

"遮阴"与"遮荫"

【案例3-9】

人为影响较少的土壤中能表现出更高的多样性[10]。【本研究切入点】目前对于夏季茶园遮荫后对茶园土壤养分、茶园 AM 真菌以及茶叶品质影响研究较

（阴）

【案例3-10】

生长于山沟树阴下，并且有溪水不停流动，从而其生长环境中温度较低，通风较好，即使炎热的夏季

（荫）

【辨析】"荫"为会意字，作名词用，指的是因物体阻挡阳光而形成的阴凉地方，如"树荫""绿树成荫"。"遮荫"一词作为名词使用，指的是"遮成的荫"，如"在茶园遮荫处调查害虫数量""大树下有一片遮荫，非常适合乘凉"。而"遮阴"作为行为动词用，用于描述遮挡光线的行为。据此，案例3-9中的"茶园遮荫后"中的名词"遮荫"应改为动词"遮阴"，否则语法不通。同理，案例3-10中的"树阴"应改为"树荫"。

"空气湿度"与"空气相对湿度"

【案例3-11】

摘 要：微生物发酵床大栏猪舍环境监控系统设计与实现，解决了发酵床猪舍的环境自动控制问题。环境监控传感器设有温度、湿度、光照、风向、风速、CO_2、NH_3 等控制系统，实现在线实时数据采集。通过专家系统的构建，将猪舍温度控制在30℃以下，空气湿度控制在65%以上，垫料湿度控制在

（相对）

【辨析】"湿度"是表示大气中干湿程度的物理量。"空气湿度"和"空气相对湿度"是两个含义不同的术语。空气湿度有绝对湿度、相对湿度、比较湿度、混合比、饱和度、露点等多种表示方式。"绝对湿度"定义为单位体积的空气中含有的水蒸气的质量,单位为"g/m^3"。"相对湿度"则定义为空气中实际水汽压与同温度下饱和水汽压的百分比,单位为1,常用%表示。因此,"空气相对湿度"中的"相对"两字是不能随意删减的。凡是用%表示的都属于"空气相对湿度"。

"叶绿素含量"与"叶绿素相对含量"

【案例3-12】

> 由表2可见,苯磺隆处理后油菜叶片的叶绿素<u>相对</u>含量SPAD值随喷施除草剂苯磺隆剂量的增加而呈

【辨析】SPAD值是用叶绿素检测仪测量叶绿素的相对含量值,是指叶片在650 nm和940 nm两个波长下透射光量的比值,表示叶片中当前叶绿素的相对含量,单位为1。只有采用分光光度法等具体的实验方法所测定的结果才能称为叶绿素含量,单位为mg/cm^2或mg/g。据此,本案例中的"叶绿素含量"应改为规范名称"叶绿素相对含量"。

"植物生长调节剂"与"激素"

【案例3-13】

> 能不降低经济价值[17-18]。【本研究切入点】近年来关于竹叶兰的组培快繁技术,尚少见以正交设计方式开展不同类别<u>激素</u>(植物生长调节剂)及添加物的优化组培研究。

【辨析】激素是由生物体内特殊组织或腺体产生的高效生物活性物质，在生物体内作为信使传递信息，对机体生理过程起调节作用。本案例中，人工合成的具有生理活性的类似植物激素的化学物质，其规范名称是"植物生长调节剂"，不能称之为"激素"或"外源激素"。

"相似度"与"一致性"

【案例3-14】

> SlSIP1L5位于同一分支，但SlSIP1L12与所有检测蛋白序列的相似度均低于47.2%（表2），说明，番茄内部SIP1亚家族进化较明显。（一致性）

【辨析】氨基酸序列之间的同源性比对，数值结果应描述为"一致性"，用"相似度"表示含糊不清，为非专业用语。

作物通用名与俗名

【案例3-15】

> 1.1 试验材料（蕹菜、普通白菜、青花菜）
>
> 试验选用甜荞麦、空心菜、鸡毛菜、西兰花、豌豆、黄豆、黑豆、香椿、大麦、小麦、黄秋葵、红萝卜、白萝卜共13种芽苗菜。

【辨析】CY/T 119—2015《学术出版规范 科学技术名词》指出，由国务院授权的机构审定公布、推荐使用的科学技术名词，简称规范词；并规定学术出版应首选规范名词，俗称和曾称不宜使用。本案例中，"空心菜""鸡毛菜""西兰花"分别为蕹菜、普通白菜、青花菜3种蔬菜作物通用名的俗称。科技期刊不能使用俗称,均应改为规范名词。

第二节　生物学名

生物学名的全写与简写

【案例3-16】

> 【研究意义】秀珍菇(*P. pulmonarius*)又名袖珍菇,朵型小巧,是中温型结实食用菌。秀珍菇不仅营养丰富,富含人体必需氨基酸、蛋白质,风

Pleurotus

【辨析】在科技论文中,某一学名首次出现时,属名应写出全称,不能缩写。如果是分类学论文,还应写出完整的学名。秀珍菇的完整学名为"*Pleurotus pulmonarius*(Fr.)Quél"。本案例不属于分类学论文,定名人可以省略,但学名在文章首次出现时属名不应缩写,规范的表述应为"秀珍菇(*Pleurotus pulmonarius*)"。

栽培品种的命名

【案例3-17】

> 蝴蝶兰'大辣椒'组织培养与快速繁殖
> Tissue Culture and Rapid Propagation of 'Big Chili' *Phalaenopsis*

【案例3-18】

蝴蝶兰'大辣椒'组培快繁技术体系的优化
Optimization of the Tissue Culture and Rapid Propagation of *Phalaenopsis* cv. 'Big chili'

【案例3-19】

关键词：闽育1号小叶萍；新品种选育；产量
Key words: *Azolla microphylla* Minyu No.1；breeding new cultivar；yield

【辨析】为确保栽培品种命名的准确性和一致性，《国际栽培植物命名法规》（ICNCP）规定：栽培植物品种的名称是由其所隶属的属或更低分类单位的正确生物学名称加上品种加词共同构成。品种加词中的每一个词的首字母须大写，并置于单引号内；属或属以下生物学名排斜体，品种加词排正体；名称中不出现"cv."等作为品种等级缩写词，品种加词中若出现品种编号时也不使用"No."。案例3-17、案例3-18、案例3-19中栽培品种的命名都是不规范的，应分别按上述法则修改。目前农业科技期刊对栽培品种的命名比较混乱。《园艺学报》对栽培品种的命名最为规范，建议编辑多参考该刊的规范表达方式，以提升期刊中栽培品种命名的规范性。

第三节　学术符号

基因符号

【案例3-20】

香型及抗稻瘟病的杂交稻新品种明2优明占[6]；杂交稻新品种赣优明占能抗稻瘟病、稻瘿蚊[7]。恢复系明恢164含有稻瘟病抗性基因 *Pi2* 以及白叶枯病抗性基〔斜体〕

【辨析】"基因斜体、蛋白正体"是遗传学领域的一般法则，适用于任何生物类型。本案例中的基因符号（包括编码）应全为斜体。但要注意的是，在基因及其表达产物名称符号的字母、数字、空格、字符、大小写等方面，不同生物体间仍存在一些差异，具体可参阅2000年科学出版社出版的《TIG遗传命名指南》一书。

蛋白质符号

【案例3-21】

红麻 *HcNiR* 基因编码蛋白质产物一级结构分析预测结果见表2，由结果可知，该蛋白质不稳定系数37.930，低过阈值40。*HcNiR* 蛋白是稳定酸性亲水蛋白质。利用 ProtComp 预测 *HcNiR* 蛋白的亚细胞定位，该蛋白定位于叶绿体上。〔改为正体〕

【辨析】在描述基因或蛋白质研究的学术论文中，如果没有按照规范的格式来书写它们的名称和符号，读者很难确定作者所指的究竟是基因还是其对应的蛋白质。因此在分子生物学中，基因的缩写符号使用斜体，而蛋白质的缩写符号应用正体。本案例中描述为蛋白质的斜体字 HcNiR，应改为正体。

转座子符号

【案例3-22】

> 1.1 供试菌株
> 青枯雷尔氏菌强致病力菌株（野生型）、无致病力菌株（野生型）以及强致病力菌株经 Tn-5 转座子随机插入导致致病力丧失的菌株（人工致弱突

【辨析】转座子（Transposon），又称跳跃基因，是一种特殊的DNA序列，能够在基因组内移动位置。转座子是基因组的重要组成部分，但不是传统的基因，因此其符号的正斜体与传统的基因不同。不同物种的转座子表示方式略有差异：细菌的转座子符号为正体，编码为斜体；真核生物的转座子符号和编码均为正体；玉米的转座子符号和编码则全为斜体。本案例为细菌的转座子，编码"5"应改为斜体，而且符号和编码之间不宜加连字符。

生物探针符号

【案例3-23】

> 种，分别是染料法（SYBR Green I）和探针法（TaqMan 探针、杂交探针）。

【辨析】*Taq*Man探针是一种包含5′荧光基团和3′淬灭基团的单个DNA寡核苷酸，其中的"*Taq*"为*Taq*酶，是从水生栖热菌（*Thermus aquaticus*）中分离出的具有热稳定性的DNA聚合酶，Taq为学名*Thermus aquaticus*的简写，应使用斜体。

限制性核酸内切酶符号

【案例3-24】

> *Pst* I/*Eco*R I 双酶切中间载体及 pCAMBIA1300，产物回收连接转化，PCR筛选阳性质粒，*Pst* I/*Nco* I、*Pst* I/*Eco*R I 双酶切及 *Hin*d III 单酶切鉴定（图3），单双

【辨析】限制性核酸内切酶（简称限制酶），是可以识别且附着特定的核苷酸序列，并对每条链中特定部位的两个脱氧核糖核苷酸之间的磷酸二酯键进行切割的一类酶。限制酶的命名采用1973年H. O. Smith和D. Nathans提议的命名系统，该系统根据酶的物种来源来命名，前3个字母是酶源物种学名部分的简写，由微生物属名的第一个字母（大写斜体）和种名的前2个字母组成（小写斜体），若该微生物有不同的变种或品系，则再加上该变种或品系的第一个字母（大写正体），从同一种微生物中发现多种内切酶，则依发现和分离的前后顺序用罗马数字表示（大写正体）。本案例中，*Eco*R I 是从大肠杆菌（*Escherichia coli*）R菌株中分离出来的第一个限制酶，其中的R为变种，用正体。

荧光原位杂交符号

【案例3-25】

> **Key words:** Suaeda；tandem repeat；rDNA；fluorescence *in situ* hybridization

【辨析】荧光原位杂交（Fluorescence *in situ* hybridization，FISH）是20世纪80年代末在放射性原位杂交技术基础上发展起来的一种非放射性分子生物学和细胞遗传学结合的新技术，是以荧光标记取代同位素标记而形成的一种新的原位杂交方法。本案例中"*in situ*"是"原位"的拉丁文，应为斜体。

从头测序符号

【案例3-26】

> 究。此外，根据已经完成的某些物种的 de novo 测序结果，筛查出具有潜在甲基化的区域，进一步研究该区域对于个体具体的生物学作用。 改为斜体

【辨析】de novo测序又称从头测序，是一项不依赖于任何已知或参考序列的测序技术。"de novo"为"从头开始"的拉丁文，应为斜体。

氨基酸符号

【案例3-27】

> 9份双孢蘑菇样品均检测到了17种氨基酸中的16种，半胱氨酸（CYS）均未检出，认为9份双孢蘑

【辨析】表示单个氨基酸，一般使用英文三字母表示法，即采用其英文名称的前3个字母，首字母为大写，第二、第三字母为小写。

维生素B族符号

【案例3-28】

溶液含维生素 B1 100 mg·L^{-1}、维生素 B7 0.5 mg·L^{-1}、维生素 B12 0.5 mg·L^{-1}。（下标）

【辨析】 在科技期刊中或学术交流时，为了保持专业性和一致性，维生素B族编号通常使用下标来表示。

化合物构型构象符号

【案例3-29】

细胞分裂素类 Cytokinins

反式玉米素 Trans-Zeatin （trans）

顺式玉米素 Cis-Zeatin （cis）

【案例3-30】

表1 JL-7 的生理生化试验结果
Table 1　Physiological and biochemical test results on JL-7

项目 Item	结果 Result	项目 Item	结果 Result	项目 Item	结果 Result
D-阿拉伯糖	−	*D*-核糖	+	麦芽三糖	+
D-阿拉伯糖	+	*D*-棉子糖	+	N-乙酰-半乳糖胺	+

（正体）

【案例3-31】

	29	大根香叶烯 B Germacrene B (Z)
酯类	30	丁酸乙酯 Ethyl butyrate
Esters	31	(Z)-2-丁烯酸乙酯 (Z)-2-Butenoic acid ethyl ester

【辨析】由中国化学会有机化合物命名审定委员会编著的《有机化合物命名原则》(科学出版社,2017),对书写化合物名称时的标点符号与字母格式给出了详细的规定:①括号、逗号、圆点等标点符号采用中文半字符(英文标点符号);②标记相对构型的字母D/L以及标记取代基与主体基团相对位置的字母α、β、γ等字母采用正体格式;③其他常见字母通常采用斜体格式,如:n-(正),iso-(异),sec-(仲),$tert$-(叔),O-(基团连接在氧原子上),N-(基团连接在氮原子上),P-(基团连接在磷原子上),S-(基团连接在硫原子上),H-(该位置上为氢或加氢),Z(顺式构型),E(反式构型),cis(顺式构型),$trans$(反式构型),R(一种绝对手性构型),S(另一种绝对手性构型),o-(苯环上的二元取代基呈邻位,ortho),m-(苯环上的二元取代基呈间位,meta),p-(苯环上的二元取代基呈对位,para)等。据此:案例3-30中表示化合物构型的前缀"cis"和"$trans$"应该用小写斜体表示,即使在句首出现,也仍旧用小写斜体;案例3-30中表示手性异构的标记D(右旋)、L(左旋)用大写正体;案例3-31中表示立体化学顺反构型的符号Z(顺式),用大写斜体加英文圆括号。

超氧阴离子自由基符号

【案例3-32】

过氧化氢酶(Catalase,CAT)活性逐渐下降;刘莉等[11]研究认为,O_2^-、H_2O_2 代谢失调和MDA过量积累以及抗氧化酶活性的下降或功能转变均可能是导致雄性不育的重要因素。大量研究表明,逆境胁迫

($\cdot O_2^-$)

【辨析】 超氧阴离子自由基是基态氧接受一个电子形成带负电荷的氧自由基。目前各种科技期刊的表示方法五花八门，有 $O_2\cdot^-$、$O_2^{\cdot-}$、$O_2^{-\cdot}$、$O_2^{\overset{\cdot}{-}}$、$O_2^-\cdot$、$\cdot O_2^-$ 等多种。全国科学技术名词审定委员会公布的《植物学名词》（第2版），对超氧阴离子自由基符号的表述最为规范得体，即"$\cdot O_2^-$"。

第四章　标点符号和数字用法

第一节　点　号

提示性词语宜用冒号

【案例4-1】

$$E = \frac{y_1 - y_2}{y_1} \times 100\%$$

式中，E 为钝化率（%）；y_1 为对照土壤中有效态 Cd 含量（mg·kg^{-1}）；y_2 为添加钝化剂后土壤有效态 Cd 含量（mg·kg^{-1}）。

【辨析】冒号一般用于提示性词语之后。在本案例中，"式中"是提示性词语，其作用是引出后面3个说明性分句，所以"式中"后宜用冒号，不宜用逗号。若"式中"后面用逗号，则"式中"所提示的内容仅能涵盖到第一个分号。

逗号和冒号的误用

【案例4-2】

> 4 结论：本研究分析表明：恢复系福恢676的粒长较长，长宽比相对较大，整精米率较高，糙米率、胶稠度和直链淀粉含量达到一级米标准；Wx的基因型为Wx_b，福恢676中控制粒形基因$GL7$、$GS3$和控制米质基因ALK、$OsSSI$、$OsBEIIb$的表达模式与其他恢复系中有明显不同。本研究为福恢676应用于育种生产及解析其杂交后代的遗传基础提供理论依据。

【辨析】 冒号除用于提示性词语外，还常用于总结性词语之后。"本研究分析表明"是总结性词语，后面宜用冒号，以统领之后的2个分句。在本案例最后一句"本研究……提供理论依据"中，它与前面内容既无承接、递进关系，也并非"本研究"的结果，所以其前面不能用逗号，而应使用句号。

逗号和顿号的误用

【案例4-3】

> 注意尿素不宜多施，以免水稻黄熟后转色差。水分管理遵循浅水栽秧、寸水返青、以湿为主、干湿相间原则进行。根据水稻根系的需水量进行灌溉，分

第四章 标点符号和数字用法

【案例4-4】

茶小绿叶蝉的分类归属、发生为害特点、以及生物生态学特性方面的研究进展作综述,旨在为进一步开展对该虫的科学研究和治理方案的制定提供参考。

【辨析】在同一个句子中,顿号和逗号用于分隔并列的词语或短语时,它们所表示的层次有所不同。顿号主要用于一个句子内并列词语之间的短停顿,而逗号用于表示句子内部更高一级的结构关系。在案例4-3中,出现三个并列词组,此时适用顿号。若并列词语之间使用了连词"以及","以及"后的内容与前面的并列内容再次形成并列关系。因此,案例4-4中在"以及"前面不应使用顿号,应改为逗号。

一逗到底问题

【案例4-5】

【研究意义】荔枝(*Litchi chinensis* Sonn)属于无患子科(Sapindaceae)荔枝属(*Litchi*),是我国一种常绿南亚热带果树[1-2],叶片作为植物重要的营养生长器官,在不同的环境条件下叶片形态和内部结构都会产生不同的变化[3-4],叶片特征是基因型和环境共同作用的结果,经过长期的自然选择,性状趋于稳定状态[5]。

【辨析】在科技期刊中,"一逗到底"的现象较为常见,原因是作者或编辑担心使用句号会切断上下句之间意思的联系,其实这种顾虑是不必要的。在本案例中,实际上表达了三层意思:一是荔枝品种来源;二是荔枝叶片形态会因环境条件发生变化;三是叶片特征是内外因共同作用的结果。所以,本案例应改为三个句子,第二和第四两个逗号改为句号。

冒号套用问题

【案例4-6】

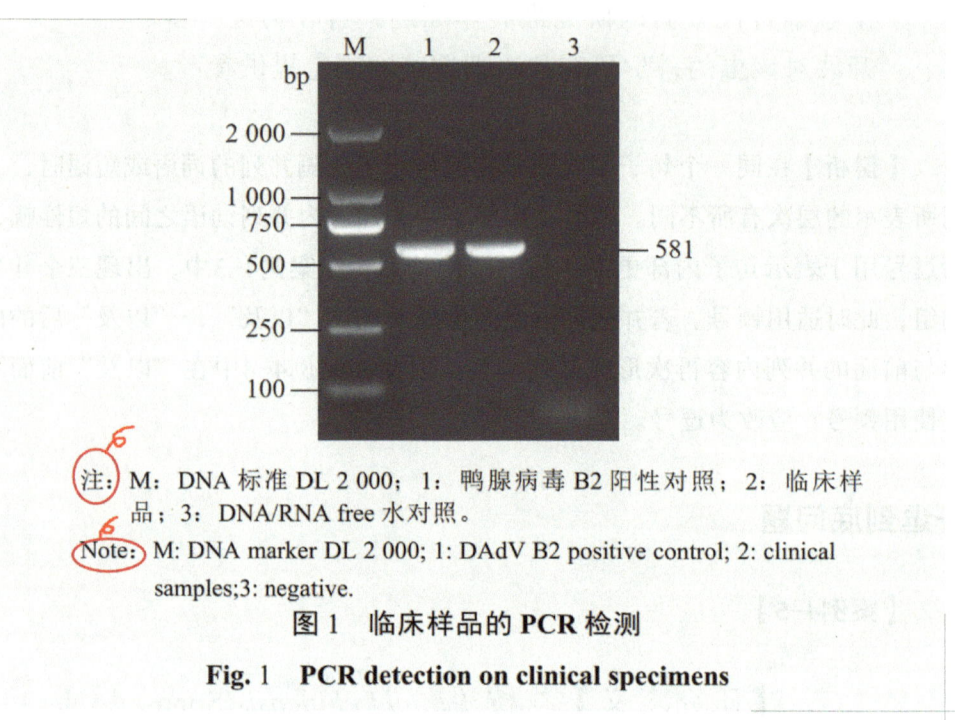

注：M：DNA 标准 DL 2 000；1：鸭腺病毒 B2 阳性对照；2：临床样品；3：DNA/RNA free 水对照。

Note: M: DNA marker DL 2 000; 1: DAdV B2 positive control; 2: clinical samples; 3: negative.

图 1　临床样品的 PCR 检测

Fig. 1　PCR detection on clinical specimens

【辨析】GB/T 15834—2011《标点符号用法》规定："一个句子内部一般不应套用冒号。"在本案例中出现了套用冒号的情况，可删去"注："，或者把代号后面的冒号改为破折号，也可改用文字"为"来表示。

第二节　标　号

引文末尾句号的位置

【案例4-7】

【辨析】在处理引文末尾句号的位置时，需要根据引文的使用情况来确定

发展新格局"。与会专家指出："农业环境保护涉及生产、生活、生态过程的方方面面，其关系整个系统工程诸多环节"。因此要实现农业的可持续发展，必须加快推

【案例4-8】

代表指出，"要因地制宜探索与构建模式，要因势利导引领与推广技术。"现代生态循环农业发展要将先进技术融入传统的生态（循环）农业模式的生产与经营过程中，尤其要注

句号是放在引号内还是引号外。案例4-7中，引文是独立引用的，且引文的句子是完整的，那么这个直接引语就不再是句子的组成部分，而是独立使用、独立成句的部分，句末的句号则应放在后引号之内。案例4-8中，由于"代表指出"后是逗号，所以其后的直接引语应是句子的组成部分，因此句子末尾的句号应当放在后引号之后，以表示整个句子结束。

引号的位置

【案例4-9】

聚焦农业增效与农民增收，让农民富起来。一要深化农村土地制度改革，做好承包地"三权分置"工作，保持土地承包关系稳定并长久不变，让农民有恒

【辨析】GB/T 15834—2011《标点符号用法》指出，标示语段的简称要加引号。"三权"是农村土地的所有权、承包权和经营权的简称；分置是分别

设置的意思。本案例中"三权"为简称,而"分置"不是简称,因此"三权分置"应改为"'三权'分置"。

品种加引号问题

【案例4-10】

本试验在浙江农林大学平山试验基地进行。供试品种为早熟硬质桃品种"春红"和中熟软溶质桃品种"新川中岛",均为1年生嫁接苗,砧木为实生播种的普通毛桃苗。

【辨析】 根据《国际栽培植物命名法规》,栽培的种加词都要加单引号。在农业科技期刊中,文章里首次出现的植物品种中文名称,建议使用单引号,其后再次出现时可不加引号。当然,文中首次出现的品种中文名称用双引号也不算错误,但从专业角度来看,更推荐使用单引号。

特指部分要加引号

【案例4-11】

创新优质亲本,重点培育优质不育系和恢复系亲本,并采用双优亲本配组方式选育优质、高产和抗病杂交稻新组合,解决优质稻培育的"卡脖子"问题。基于

【辨析】 GB/T 15834—2011《标点符号用法》指出,引号的基本用法之一为标示语段中具有特殊含义而需要特别指出的部分。"卡脖子"是比喻一个

国家或企业因为关键核心技术或资源的缺乏而受到其他国家或企业制约或压制的情形,属于特指成分,要加引号。

文件名的括号类型

【案例4-12】

基金项目:福建省海洋高新产业发展专项项目(闽海洋高新[2015]11号)

【辨析】文件发文年份应当使用六角括号"〔〕",这是党政机关公文格式的规范要求。

用于项目名称的标号

【案例4-13】

基金项目:福建省科技计划引导性项目《抗病红皮花生品种选育及绿色高效施肥关键技术研究》(2021N0040)

【辨析】GB/T 15834—2011《标点符号用法》指出,书名号用于标示语段中出现的各种作品的名称,其中不能视为作品的课程、课题、奖品奖状、商标、证照、组织机构、会议、活动等名称,不应用书名号。本案例中的科研项目名称,不是作品,不能用书名号,通常使用双引号标示。

表示时间的范围号

【案例4-14】

2020~2021年参加南方鲜食玉米（西南）科企联合体区试，专家鉴定（表7）表明，该品种2020年外

【辨析】 GB/T 15834—2011《标点符号用法》提及：标示相关项目（如时间、地域等）的起止用"—"，标示数值范围（由阿拉伯数字或汉字数字构成）的起止用"~"。本案例为标示时间的起止，应用"—"。

括号的位置

【案例4-15】

了巨大的经济损失。福建省是鹅星状病毒病（goose astrovirus）的首发疫区之一。鉴于目前市面

【案例4-16】

2.2.3 生产试验 2011年9月至2014年9月在4个点生产示范中，结果表明（表3）：闽育1号小叶萍的产草量最高，3年4点的平均干草产量为87 340

【辨析】 括号通常标示句段中注释内容、补充说明或其他特定意义的语句。案例4-15中，goose astrovirus译为中文是"鹅星状病毒"，不是"鹅星状

病毒病",故英文应标示在"鹅星状病毒"之后。案例4-16中,"表3"是体现结果的内容,不是指"表明"的内容,故"(表3)"宜置于"结果"之后。

第三节　数字用法

阿拉伯数字与汉字混用问题

【案例4-17】

> ○○○ 且性状差异明显。据统计,仅广东湛江地区每年废弃的甘蔗叶约3⓪万t、菠萝茎叶1⓪万t、富贵竹

【辨析】GB/T 15835—2011《出版物上数字用法》指出,若一个数值很大,数值中的"万""亿"单位可以采用汉字数字,其余部分采用阿拉伯数字;除此之外的一般数值,不能同时采用阿拉伯数字与汉字数字。在本案例中,"千"不能与阿拉伯数字结合,应直接改为阿拉伯数字。

带有偏差范围的数值表达格式

【案例4-18】

> 浓度(ng·mL^{-1})。测定斑石鲷降温前肾上腺素和皮质醇质量浓度分别为45.34±2.16 ng·mL^{-1}、58.09±4.07 ng·mL^{-1}。

【辨析】在论文中，经常出现含有偏差范围的数值。当参数与其偏差单位相同时，单位可以只写1次，数值组合应加圆括号。

数值的修约

【案例4-19】

生境 Habitat	产量 Yield/(t·hm^{-2})	有效穗数 Number of effective panicles/ (×10^4·hm^{-2})
生境1 Habitat 1	5.81±0.56 Bb	351.42±37.0 Bb
生境2 Habitat 2	9.55±1.1 Aa	355.85±54.35 Aa

【辨析】CY/T 170—2019《学术出版规范 表格》指出："表身中同一量的数值修约数位应一致。如果不能一致，应在表注中说明。"本案例的数值存在修约数位不一致的问题，应统一精确到0.01。

连续数分组的规范表达

【案例4-20】

表3 引种国外芍药品种部分性状的赋值标准
Table 3 Evaluation criteria on properties of *P. lactiflora* varieties

评价因素 Evaluation factors	分值 Score				
	5	4	3	2	1
热害指数 Heat damage index	<0.30	0.30~0.45	0.45~0.60	0.60~0.75	≥0.75

【辨析】在科技论文中经常要对连续性数据如质量、长度、温度、时间、直径、年龄等进行分组或分级。CY/T 170—2019《学术出版规范 表格》指出，表格中连续数的分组应科学，不得重叠和遗漏。本案例对热害指

数的分组就存在数据重叠的问题，对热害指数正确的分级应分别为"<0.30，0.30~<0.45，0.45~<0.60，0.60~<0.75，≥0.75"。

数值比较的规范表述

【案例4-21】

> 由于八氢番茄红素合成酶促进了 GGPP 向八氢番茄红素转化，GA$_3$ 的合成减少了 30 倍，导致植株严重矮化。
>
> （批注：至原来的1/30）

【辨析】"倍"通常作量词，用在数词后，表示增加的是跟原数相同的数量，某数的几倍就是某数乘以几。而减少的数量与原数的比较，通常用"减少到原数的几分之一"来表述，"倍"不能用于减少的量词。在本案例中，"减少了30倍"应改为"减少至原来的1/30"。

第五章 量和单位

第一节 量的使用问题

量的符号使用不当

【案例5-1】

表 3　烟秆和竹炭基肥处理对土壤碳组分的影响

处理	SOC/(g·kg^{-1})	DOC/(g·kg^{-1})	LOC/(g·kg^{-1})
CK	14.41±0.27 c	0.47±0.01 b	2.38±0.05 d
F	14.62±0.36 c	0.50±0.02 b	2.87±0.05 c
YBF	15.38±0.09 b	0.61±0.01 a	3.80±0.11 a
ZBF	16.16±0.33 a	0.65±0.03 a	3.38±0.25 b

（批注：w(SOC)、w(DOC)、w(LOC)）

【案例5-2】

氮磷钾肥按质量比 N∶P₂O₅∶K₂O=2∶1∶1.5 施用，其中氮肥全部作为基肥，在定植后每间隔 7 d 追肥，每……

（标注：$m(N):m(P_2O_5):m(K_2O)$）

【辨析】GB 3100~3102—1993《量和单位》对基础科学各学科领域常用的量给出了规范化的名称，并规定量符号必须使用斜体。然而，一些农业科技期刊在使用量符号时随意性较大，不使用国标规定的符号，而是随意选择表达对象的外文缩写或化学式作为量的符号。在案例5-1中，SOC、DOC、LOC分别是有机碳、可溶性有机碳、挥发性有机碳的英文缩写，直接将其英文缩写斜体字当作质量分数的量来使用是错误的，应分别改为w（SOC）、w（DOC）和w（LOC）。在案例5-2中，把元素和化合物的化学式直接当作量的符号使用同样错误，规范的表述应为：m（N）∶m（P₂O₅）∶m（K₂O）=2∶1∶1.5。

"质量"和"重量"混淆

【案例5-3】

……性（U·g⁻¹）= $(\Delta A_{470} \times V_t)/(0.01 \times t \times W \times V_s)$。其中，$\Delta A_{470}$ 为反应时间内吸光值的变化；W 为样品重量（标注：质）（g）；V_t 为提取酶液总体积（mL）；V_s 为测定时……

【辨析】质量和重量是两个不同的量。在国际单位制（SI）中，质量是被选定的7个基本量之一，是量度物体所含物质多少的量。其量符号为m，SI单位为千克（kg）。重量则是一个力的概念，GB 3102.3—1993《力学的量和单位》定义为："物体在特定参考系中的重量为使该物体在此参考系中获得其加速度等于当地自由落体加速度时的力。"其量符号为W，SI单位为牛顿

（N）。农业科技期刊中"质量"与"重量"混淆的现象非常普遍，如把"鲜质量""干质量"写成"鲜重""干重"等，编辑应注意修改。

量纲为一的量的表达问题

【案例5-4】

> 1.4.4 pH 值对樱桃杨柳炭疽菌的菌落生长和产孢的影响 用 0.1%（m/m）的 NaOH 溶液和 0.1%（V/V）的 HCl 溶液，将 PDA 培养基的 pH 值分别调节成 4

（"m/m"处标注：质量分数为；"V/V"处标注：体积分数为）

【辨析】对于量纲为一、单位符号为1的量，在表达量值时应明确量的具体名称，单位符号通常不明确写出。在某些场合还可以用百分号代替数字0.01。用两个量比值的写法对单位作附加说明，既不规范也不明确。例如"V/V"，这里无法明确它究竟是"溶质/溶液"，还是"溶质/溶剂"。正确的表示方法应为：质量分数为0.1%的NaOH溶液，或w（NaOH）=0.1%；体积分数为0.1%的HCl溶液，或φ（HCl）=0.1%。

浓度的规范表达

【案例5-5】

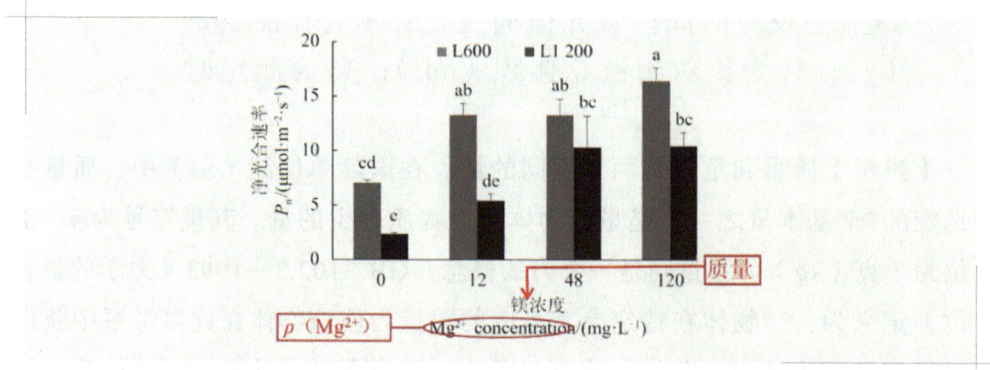

【辨析】在农业科技期刊中，滥用浓度的现象十分普遍。在 GB 3102.8—1993《物理化学和分子物理学的量和单位》中，浓度和物质的量浓度是同一个量名称，其法定单位为 mol·m^{-3} 或 mol·L^{-1}。因此，只有"物质的量浓度"才可以称为"浓度"，其他量名称不得称为"浓度"。在本案例中，"镁浓度"不是标准量名称，应改为"镁质量浓度"或"ρ（Mg^{2+}）"。另外，像"体积比浓度为20%的乙醇""质量比浓度为5%的盐水"等表述也不规范，应分别改为"体积分数为20%的乙醇［或 φ（C$_2$H$_6$O）=20%］""质量分数为5%的盐水［或 w（NaCl$_3$）=5%］"。需要注意的是，在生物学中，已经成为专业术语表示"浓度"的量，仍可保留用"浓度"表述，如"菌体浓度""致死浓度""半致死浓度"等。

物质分子质量的规范表达

【案例5-6】

71～1265 aa，分子<u>量</u>为 7960～140 509 Da，细胞亲水性在 0.138～0.738，等电点 5.54～7.68，内含子 0～24 个。亚细胞定位预测结果表明，*BnNHX1* 基因

（批注："质"）

【案例5-7】

71～1265 aa，<u>分子量</u>为 7960～140 509 Da，细胞亲水性在 0.138～0.738，等电点 5.54～7.68，内含子 0～24 个。亚细胞定位预测结果表明，*BnNHX1* 基因

（批注："相对分子质量"）

【辨析】在农业与生物科学中，表示蛋白质、氨基酸等大分子的大小，经常要用到量的名称"分子量"及其计量单位"Da（道尔顿）"。在 GB 3102.8—1993《物理化学和分子物理学的量和单位》中，表示大分子大小的规范的量的名称有2个：①量的名称为"相对分子质量"，量的符号为"M_r"，

单位是"1"(无量纲单位);②量的名称为"分子质量",量的符号为"m",单位是"u"或"Da"。M_r和m的换算关系是:$m=m_u \cdot M_r$,式中m_u为原子质量常数,m_u=1 u=1 Da=(1.660 540 2±0.000 001 0)×10^{-27} kg。在科技期刊中,应避免使用"分子量"这个不规范的名称,改为"分子质量"或"相对分子质量"。两者的区别是:"分子质量"的量值单位符号为"u"或"Da"(案例5-6),而"相对分子质量"的量值单位符号为1(案例5-7)。

表示不同光照强度的量名称

【案例5-8】

表1　因素水平

Table 1　Factors and levels of orthogonal experiment

水平 Level	因素 Factor		
	A 培养时间 Culture duration/d	B 光强(照度 illuminance) Light intensity/lx	C 光照时间 Light duration/h
1	6	250	6
2	7	500	9
3	8	750	12

【案例5-9】

基本培养液(pH 5.8)预培养 2 d。每隔 1 h 用气泵为处理液定时充气 15 min,培养温度(23±2)℃,光照周期为 14 h·d^{-1},光照强度(光合光子通量密度)为 54 μmol·m^{-2}·s^{-1}。

【案例5-10】

> 移栽后烟苗转移至3个顶部装有红、蓝、白色LED灯（图1）的蔽光棚内，光周期均为16 h/8 h（Light/Dark），<u>光照强度</u>为108 W·m^{-2}，具体参考孟霖等[4]的设计。——光辐照度

【辨析】 在农业科学试验中，常常会借助各种仪器设备来测定光照强度对植物生长的影响。但部分作者或编辑对光学专业领域物理量的规范表达不够熟悉，常采用"光照强度"或"光强"作为量的名称，这种做法并不规范。依据GB 3102.6—1993《光及有关电磁辐射的量和单位》，使用不同仪器测定光照强度时，各自对应着特定的标准量名称和法定计量单位。使用光照度计测定的表示光的强度，其对应的量名称为光照度，英文是illuminance，量符号为E，单位符号为lx，定义为照射到表面一点处的面元上的光通量除以该面元的面积，即1 lx=1 lm·m^{-2}（lm为光通量的单位符号）。据此，案例5-8中"光强"属于不规范的量名称，应改为"光照度"。用光合测定仪测得的单位为µmol·m^{-2}·s^{-1}、用于表示光合有效辐射（PAR）强度的量，专业名称为光合光子通量密度（在GB 3102.6—1993中量名称为光子照度，量符号为E_p），它表示单位时间单位面积在波长400～700 nm范围内入射的光量子数。所以，案例5-9中的"光照强度"宜改为"光合光子通量密度""光合有效辐射强度"或"光子照度"。使用便携式光谱仪测定的光的辐射强度，对应的量名称为光辐照度，英文是irradiance，量符号为E_e，单位为W·m^{-2}，定义为照射到表面一点处的面元上的辐射能通量除以该面元的面积。由此可知，案例5-10中的"光照强度"应改为"光辐照度"。

光密度的正确表达

【案例5-11】

【辨析】 在GB 3102.6—1993《光及有关电磁辐射的量和单位》中，没有

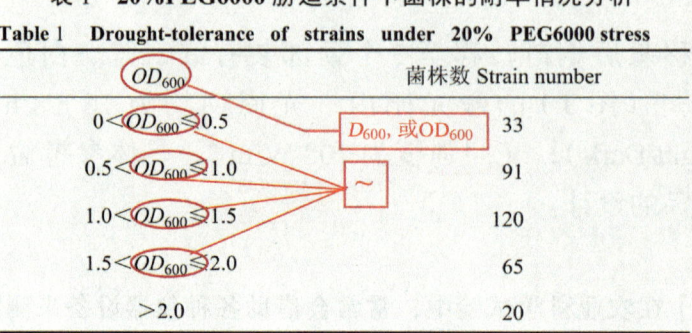

表1　20%PEG6000胁迫条件下菌株的耐旱情况分析
Table 1　Drought-tolerance of strains under 20% PEG6000 stress

OD_{600}	菌株数 Strain number
$0 < OD_{600} \leq 0.5$	33
$0.5 < OD_{600} \leq 1.0$	91
$1.0 < OD_{600} \leq 1.5$	120
$1.5 < OD_{600} \leq 2.0$	65
> 2.0	20

（修改标注：OD_{600} 改为 D_{600} 或 OD_{600}；不等号"≤"改为"~"）

"吸光度"这个量名称，对应的标准量名称应是"光密度"，量符号是"$D(\lambda)$"或"D_λ"。OD是光密度的英文optical density的缩写，不是量的符号，不能用斜体。因此，本案例文字部分和表1中的"OD_{600}"宜改为"D_{600}"或"OD_{600}"。此外，表身数据若重复出现量的符号会显得冗余，建议把其改为连续数分组表示法，以更清晰直观地展示数据。

数学式中量的规范问题

【案例5-12】

> 累计腐解量（g）= 0 d 的干物质总量 − n d 的干物质总量
> n d 内的平均腐解速率（g·d⁻¹）=（n d 内的干物质腐解量）/n d；
> 累计腐解率（%）=（0 d 干物质的总量 − n d 的干物质总量）/0 d 干物质的总量×100；
> 养分累计释放率（%）=（0 d 的养分总量 − n d 的养分总量）/0 d 的养分总量×100；
> 其中，n 为翻压天数。

> $m = m_0 - m_t$
> $v = (m_0 - m_t)/t$
> $p = [(m_0 - m_t)/m_0] \times 100\%$
> $\varphi = [(w_0 - w_t)/w_0] \times 100\%$
> 　　式中，m 为累积腐解量（g），v 为腐解速率（g·d⁻¹），p 为腐解率（%），φ 为养分释放率（%），m_0 为绿肥初始干物质量（g），m_t 为翻压 t 天的绿肥干物质量（g），w_0 为绿肥初始养分质量分数，w_t 为翻压 t 天的绿肥养分质量分数。

【案例5-13】

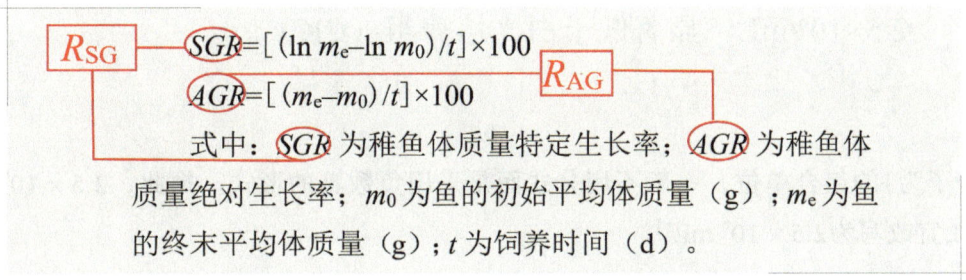

【辨析】GB/T 7713.2—2022《学术论文编写规则》规定："数学式不应使用量的名称或描述量的术语表示。量的名称或多字母缩略术语，不论正体或斜体，亦不论是否含有下标，都不应用来代替量的符号。"按照标准的规定，案例5-12中表示量的中文名称或量的中文术语，都应统一改为量的符号。案例5-13中，SGR是特定生长率（specific growth rate）的英文简写，AGR是绝对生长率（absolute growth rate）的英文简写，两者均属于多字母缩略术语，同样不能用斜体来代替量的符号，宜分别改为R_{SG}和R_{AG}。值得注意的是：在正确设定量的符号时，凡是国标中已给出标准的量符号，应优先使用其标准的量符号；国标中未明确给出的量符号，可根据缩略语的含义，选择一个最为合适的字母（用斜体）作为主符号，用缩略语的其他相关字母作下标（用正体）。自行设定的量符号及非常用的标准量符号，在数学式之后的说明中均应给出释义。

第二节　单位的使用问题

分子为1的组合单位表示法

【案例5-14】

【辨析】根据1984年发布的《中华人民共和国法定计量单位使用方法》，

绿光培养组的球等鞭金藻细胞数于第 15 天达到最大值 2.5×10⁶/mL，显著低于白光培养组（CK）。

分子为1的组合单位，一般不用分式而是采用负数幂的形式。据此，2.5×10^6/mL宜改写为2.5×10^6 mL^{-1}。

单位符号的错误修饰

【案例5-15】

品种	净光合速率 (μmol CO$_2$·m^{-2}·s^{-1})
黄旦(CK)	3.64
黄枝香单枞	5.67
白毛2号	5.52

【案例5-16】

NaCl浓度/ (mmol·L^{-1})	SOD活性 (U·g^{-1} DW)
0	115.16 b
200	138.75 a
450	92.08 c

【辨析】 在农业科技论文中，作者经常在计量单位中加入修饰词，说明试

验对象在测定时的状态和反应的环境条件,以使论文表述更加明确。虽然这种修饰在行业内约定俗成,却不符合国标中有关量和单位使用的规定。农业科技论文中对单位的错误修饰主要包括以分子式进行修饰(案例5-15)和以英文缩写进行修饰(案例5-16)。GB 3101—1993《有关量、单位和符号的一般原则》之3.2.1规定:"在单位符号上附加表示量和测量过程信息的标志是不正确的。"正确的做法是把修饰单位符号改为修饰量,如在量名称后加括号注明或在量符号上添加下标注明。

"亩"的适用场合

【案例5-17】

为双甜 2018,平均产量为 865.0 kg/亩,比对照减产 216.8 kg,减产幅度为 20.0%。

[标注:亩 → 667 m²]

【案例5-18】

年早季在龙海区东园镇、海澄镇分别建立两个佳禾165优质高产栽培 6.67 hm² 示范片,其中东园镇示范片平均干谷产量8137.35 kg·hm⁻²;海澄镇示范片总

[标注:6.67 hm² → 百亩(6.67 hm²)]

【辨析】亩为非法定计量单位,需要换算为m²或hm²。但是在一些特定的场合,亩并非一定要改为m²或hm²。案例5-17中的产量以分式组合单位表示,为了直观起见,亩可直接改用667 m²表示,而不必换算为公顷产量。案例5-18中,"百亩示范片"是农业生产中的常用词语,这里的"百亩"表示概数,亩

不作为计量单位使用，因此不应删去。为了便于国外读者理解，可以在"百亩"后面用括号加注"6.67 hm²"。

序数词与数量词的区别

【案例5-19】

> 由于米根霉菌的生长速度快，在液体发酵培养基培养到第3 d时便已长满白色菌丝，均匀分布在发酵液中，发酵液有一股酒味。随着时间的延长，菌

（"d"改为"天"）

【辨析】 数量词是数词与量词的组合，有明确的数值和计量单位；而表示事物次序的词是序数词，序数后面紧接的词不是作为单位使用的，所以序数词也就不存在单位符号。有的编辑混淆了序数词与数量词的区别，把序数词后面紧跟的汉字错改为单位符号。本案例中"第3 d"的表述是错误的，应改为"第3天"。

【案例5-20】

> 酶活力单位定义：在60 ℃，pH 5.0条件下，催化1% CMC-Na每分钟生成1 ug还原糖所需的酶量作为1个酶活力单位U（ug·min⁻¹·mL⁻¹）。

（"u"改为"μ"）

【辨析】 希腊字母μ作为国际单位制词头，表示"微"，代表10^{-6}（百万分之一）。由于计算机输入法有时不易直接输入μ，文章作者常用u代替μ，编辑在校对时应注意甄别。

微生物计数的单位

【案例5-21】

> 明预测值具有较好的可靠性。在此最优条件下进行3次验证试验,活菌数最高可达 1.12×10^9 CFU·g^{-1},菌体存活率为(73.32±0.76)%,与模型预测值73.10%

【辨析】 在计数微生物数量时,统计某一对象中的所有微生物(比如细菌)数量是没有意义的,只有计数那些能形成菌落的个体或单元才有生物学意义。cfu是colony forming unit的缩写,有时也用大写CFU,中文译为菌落形成单位,表示能形成活菌落的基本单元,实际上就是1。cfu不是法定计量单位,因此不应体现在单位中。表示单位体积或单位质量中菌落形成单位,可以用mL^{-1}或g^{-1},cfu宜删去。

第六章 图 表

第一节 图的应用问题

图的完整性

【案例6-1】

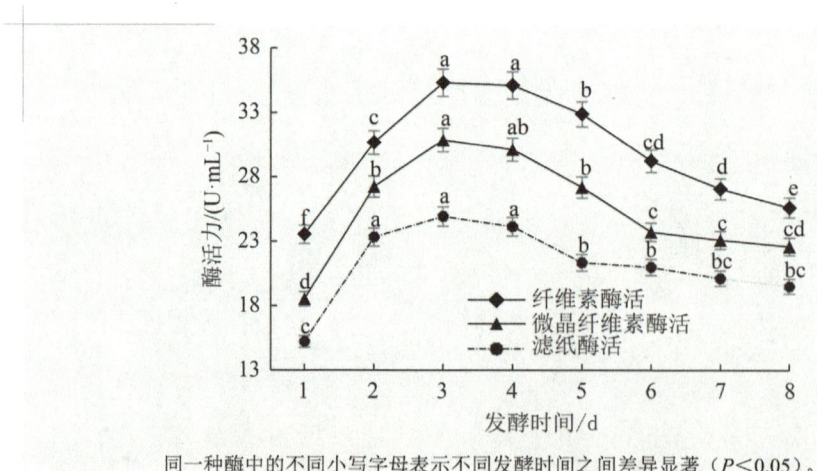

同一种酶中的不同小写字母表示不同发酵时间之间差异显著（$P<0.05$）。

图1 酶活变化（菜叶发酵过程酶活力的变化）

【案例6-2】

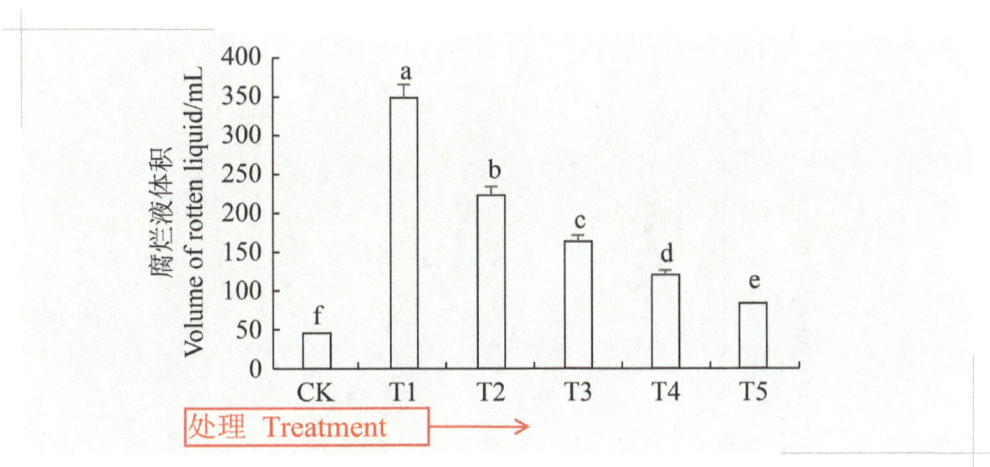

【辨析】GB/T 7713.2—2022《学术论文编写规则》和CY/T 171—2019《学术出版规范 插图》都强调：插图应具有自明性，图题应准确、简明地阐释插图内容。案例6-1的原图题缺乏自明性，图题"酶活变化"没有涉及具体的研究对象，根据文意宜改为"菜叶发酵过程酶活力的变化"。CY/T 171—2019指出："坐标曲线图的坐标轴、标值线的画法应规范，标目、标值、坐标原点应标注完整、规范、统一。"案例6-2缺少标目，应予以补上标目"处理Treatment"。

图的规范性

【案例6-3】

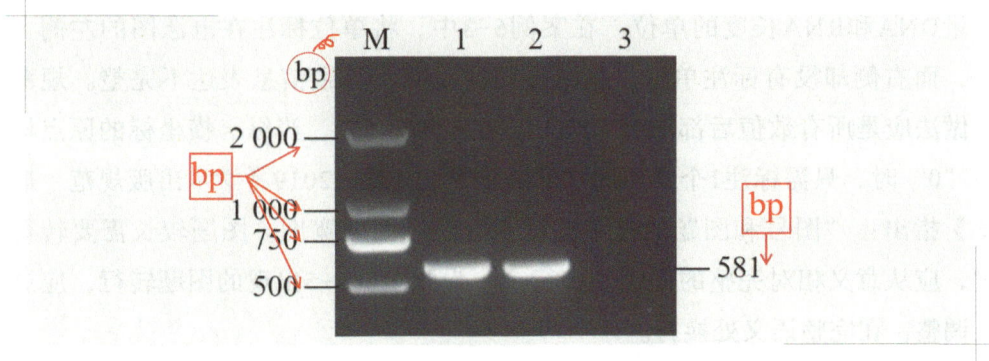

【案例6-4】

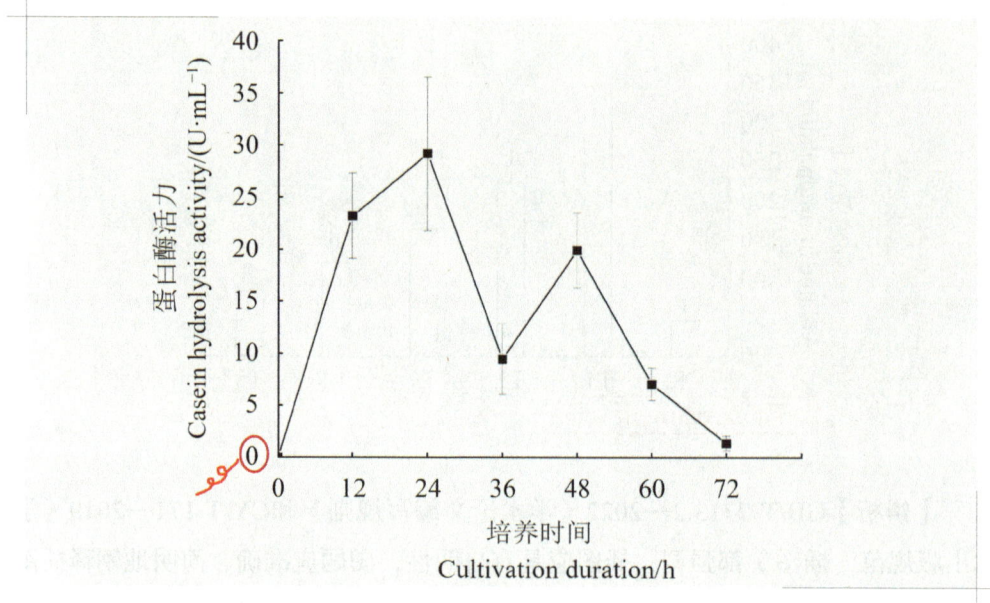

【案例6-5】

图8　高知芽孢杆菌 (*C. kochii*) H 优化前后对4种植物病原真菌的抑制效果

Fig. 8　Inhibition effects of *C. kochii* H culture broth on 4 pathogens before and after process optimization

【辨析】在生物学领域，bp是碱基对（base pair）的英文缩写，是用于衡量DNA和RNA长度的单位。在案例6-3中，将单位标注在电泳图的左侧上方，而右侧却没有标注单位，且未加图注说明，导致信息表达不完整。规范的做法应是所有数值后都加上"bp"。在案例6-4中，当纵、横坐标的原点均为"0"时，只需标注1个共用的"0"。CY/T 171—2019《学术出版规范　插图》指出："图号和图题的排字宽度不宜超过图的宽度。图题较长需要转行时，应从意义相对完整的停顿处转行。"为此案例6-5出现的图题转行，应进行调整，在完整语义处换行。

图的科学性

【案例6-6】

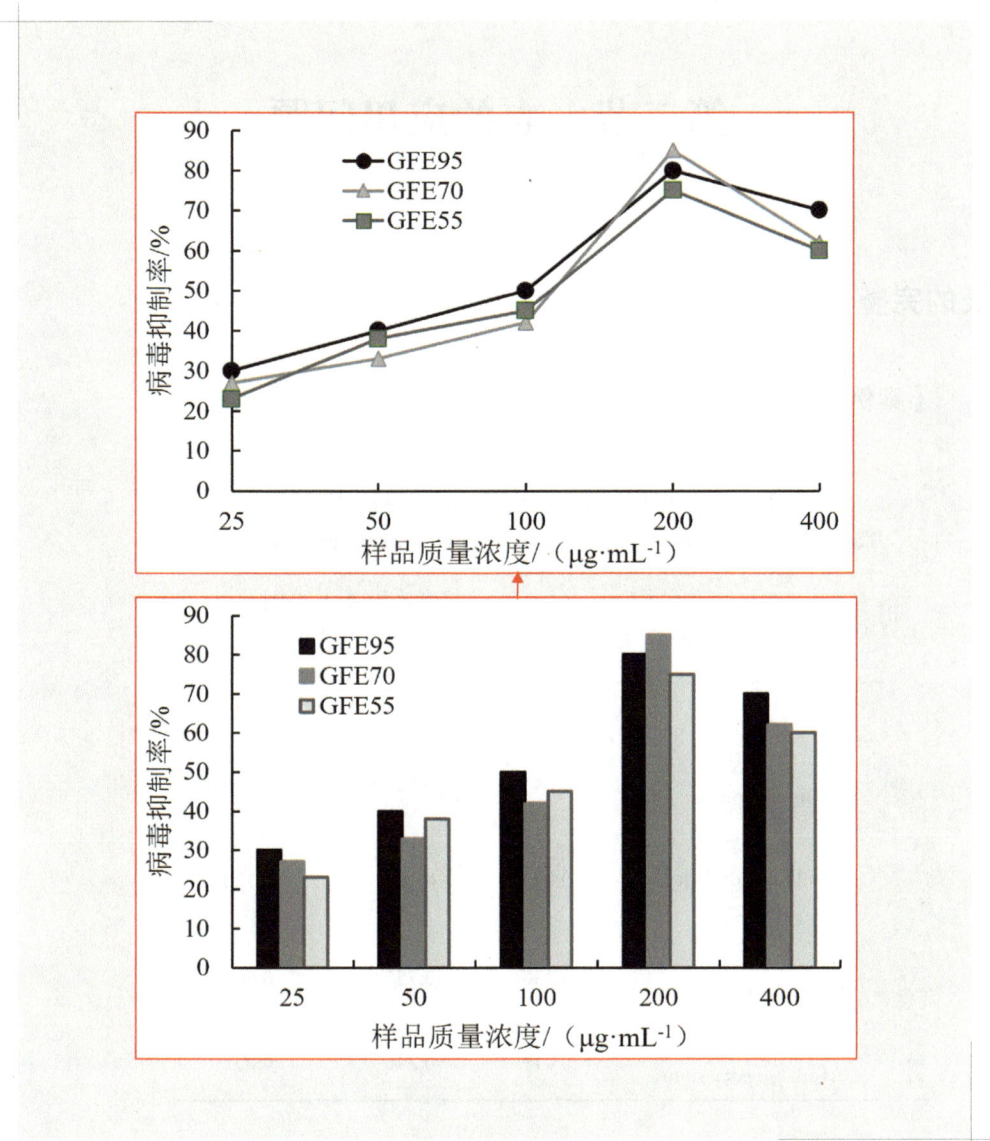

【辨析】本案例涉及的是测定样品在25 μg·mL^{-1}、50 μg·mL^{-1}、100 μg·mL^{-1}、200 μg·mL^{-1}、400 μg·mL^{-1}这5个质量浓度处理下病毒的抑

制率。由于横坐标的标值是不连续的,而且也不是等值增长的,所以原图用曲线图表示并不科学,把不属于等值增长的数据标在等距的标值线上也不符合规范。为准确呈现数据特征,本案例应把曲线图改为柱状图。

第二节 表的应用问题

表的完整性

【案例6-7】

表2 土壤理化指标与土壤Cd活性的相关性
Table 2 Correlation between physicochemical indices and Cd

← 指标Index	土壤Cd Soil Cd	土壤有效态Cd Soil available Cd	Cd钝化率 Cd passivation rate
pH	−0.317	−0.650*	0.41
有机质 Organic matter	−0.04	0.221	−0.068
碱解氮 Alkaline hydrolyzed nitrogen	0.005	0.105	0.120
有效磷 Available phosphorus	−0.336	−0.755*	0.609
速效钾 Available potassium	−0.411	−0.246	0.057

【辨析】本案例中栏头的左上角栏目名称出现空白,这使得表格缺乏对纵栏头对应内容的有效统领,无法准确传达栏目信息的特征和属性。基于表格的完整性和规范性,应在空白处补充"指标Index"。

表的规范性

【案例6-8】

表3　福香占区域试验产量

年度	福香占 亩产(kg/亩)	对照品种（CK） 名称	对照品种（CK） 亩产(kg/亩)	比对照增产(±%)	显著性
2018	526.5	Ⅱ优3301	611.3	-13.9	极显著
2019	510.8	Ⅱ优3301	608.7	-19.2	极显著
平均	518.7	Ⅱ优3301	610.0	-16.5	

注：小区面积: 0.02亩

表3　2018－2019年福香占区域试验产量

年度	产量/(kg·hm^{-2}) 福香占	产量/(kg·hm^{-2}) Ⅱ优3301(CK)	比CK增减产(±)/%
2018	7897.5	9169.5**	-13.9
2019	7662.0	9130.5**	-19.2
平均	7780.5	9150.0	-16.5

1) 测产小区面积13.33 m^2；2) ** 表示差异达极显著水平（$P<0.01$）。

【案例6-9】

表2　LED光质对植株干、鲜质量的影响

处理	单株总鲜质量/g	单株总干质量/g	壮苗指数
CK	8.95 b	1.11 b	0.25 b
RB1	11.75 ab	1.79 a	0.47 a
RB2	13.47 a	1.42 ab	0.29 b
RB3	9.54 b	1.05 b	0.26 b
R	9.77 b	0.93 b	0.19 b
B	10.70 ab	1.07 b	0.20 b

表2　LED光质对植株干、鲜质量的影响

处理	单株总鲜质量/g	单株总干质量/g	壮苗指数
CK	8.95 b	1.11 b	0.25 b
RB1	11.75 ab	1.79 a	0.47 a
RB2	13.47 a	1.42 ab	0.29 b
RB3	9.54 b	1.05 b	0.26 b
R	9.77 b	0.93 b	0.19 b
B	10.70 ab	1.07 b	0.20 b

【辨析】根据CY/T 170—2019《学术出版规范　表格》的要求，表格应具有自明性和简明性，栏目设置应科学、规范。然而，案例6-8原表存在5个方面的规范性问题。其一，表题的自明性不足，未能清晰表达表格主题；其二，将本应置于表头的内容"Ⅱ优3301"错误地置于表身；其三，表头中的量和单位标示不规范；其四，栏目隶属关系混乱，表头第一栏"年度"无法统领该栏目下的"平均"项；其五，右栏"显著性"指代不明。针对案例6-8的修改方案如下：①在表题中添加试验年度；②把对照品种统一置于表头；③表头中量和单位的标注形式改为"量的名称/单位符号"的规范格式；④在平均值上方添加辅助线；⑤用星号表示统计学分析结果并添加表注。另外，CY/T 170—2019《学术出版规范　表格》对表线的编排要求为"表框线应用粗线，其他用细线"。据此，案例6-9中三线表的表线编排不规范，顶线和底线作为表框线，应采用粗线，以符合规范要求。

表的科学性

【案例6-10】

表1 不同菌剂处理对香蕉枯萎病的防治效果

试验药剂	处理后时间/d		
	7	14	21
复合生防菌/%	59.22	65.21	78.92
木霉菌（CK）/%	36.36	41.45	52.46
防效增加率/%	62.87	57.32	50.44

↑

表1 不同菌剂处理对香蕉枯萎病的防治效果

处理后时间/d	防治效果/%		防效增加率/%
	复合生防菌	木霉菌（CK）	
7	59.22	36.36	62.87
14	65.21	41.45	57.32
21	78.92	52.46	50.44

【案例6-11】

表2 烟秆和竹炭基肥处理对土壤不同生育期pH的影响
Table 2 Effects of TBF and BBF on soil pH at tobacco growth stages

处理 Treatment	伸根期 Rooting period	旺长期 Prosperous period	成熟期 Mature period
CK	5.07±0.03 a	4.91±0.01 b	4.84±0.05 b
F	4.59±0.05 b	4.55±0.05 c	4.50±0.07 c
YBF	5.18±0.06 a	5.09±0.09 a	5.03±0.04 a
ZBF	5.20±0.07 a	5.07±0.04 a	5.01±0.02 a

不同小写字母表示处理间差异显著($P<0.05$);下同
Data with different lowercase letters indicate significant differences between treatments ($p<0.05$).The same below.

【案例6-12】

表5 蜂蜜样品对微生物的抑菌圈直径(琼脂扩散法)

样品名称	抑菌圈直径/mm	
	金黄色葡萄球菌	大肠杆菌
阳性对照(10%苯酚)	30.3±1.07	29.99±0.62
柽柳蜜	14.74±0.98	
枸杞蜜	/	11.35±0.43
九龙藤蜜	12.89±0.44	0

注:"/"表示未检出>8mm的抑菌圈。

【辨析】CY/T 170—2019《学术出版规范 表格》指出:如果表格栏目设置不合理,可将横表头和纵表头作互换处理。在案例6-10上表中,横栏头和纵栏头都出现"量名称/单位",这种重复设置会导致数据归类关系的混乱。

改为该案例下表后，统一以横栏头统领表身，使数据归类关系一目了然。案例6-11的表格设计同样不科学，如果仅看表格而不看表题，读者无法弄清楚试验测定了什么数据。为此，宜在横表头添加一个归类栏目，明确测定的数据是pH值。CY/T 170—2019《学术出版规范　表格》对表身单元格数据的特殊情况做了规范："空白"表示未测或无此项；"—"表示未发现，指检测了但未被检测到的数据；"0"表示实测结果为零，但数值是存在的；必要时可在表注中说明这种区别；表框线应用粗线，其他用细线。案例6-12的表身单元格数据项出现"/"，这属于不规范的符号，按照规范应改为"—"。

第七章 参考文献

第一节 责任者著录问题

责任者名称变更的著录

【案例7-1】

[12] 中华人民共和国农业农村部. 国家茶叶产地环境技术条件：NY/T 853—2004[S]. 北京：中国农业出版社, 2005.

【案例7-2】

[12] 中华人民共和国农业部. 食用稻品种品质：NY/T 593—2021[S]. 北京：中国农业出版社, 2021.

【案例7-3】

[19] 林业〇草原局. 植物新品种特异性、一致性、稳定性测试指南 叶子花属: LY/T 3206—2020[S]. 北京: 中国标准出版社, 2020.

（标注：国家、和）

【辨析】 参考文献著录的基本原则是要保证著录项目的准确性，即忠实于著录信息源。在案例7-1中，参考文献的责任者仍应按照标准颁布当时的名称"农业部"进行著录，不应改为更名后的"农业农村部"。而在案例7-2中，标准颁布时，国务院组成部门"农业部"已更名为"农业农村部"，应采用新的责任者名称。对于案例7-3，责任者不能简写，应严格按照标准原文准确著录机构的全称。

责任者为人名的著录

【案例7-4】

[6] YAO K. Y., WEI Z. H., XIE Y. Y., et al. Lactation performance and nitrogen utilization of dairy cows on diets including unfermented or fermented yellow wine lees mix[J]. *Livestock Science*, 2020, 236: 104025.

【辨析】 GB/T 7714—2015《信息与文献 参考文献著录规则》规定：个人著者采用姓在前名在后的著录格式；用汉语拼音书写的人名，其名可缩写，取每个汉字拼音的首字母，缩写名后省略缩写点。据此，本案例中宜删去缩写名后的缩写点。

第二节　题名著录问题

题名含有副标题的著录

【案例7-5】

[11] 傅琳琳，毛晓红，毛小报，等. 乡村振兴背景下浙江省绿色农业发展评价研究——基于农业资源综合利用的视角[J]. 中国农业资源与区划，2020，41（12）：23-34.

【辨析】GB/T 7714—2015《信息与文献　参考文献著录规则》规定，副题名属于"其他题名信息"，其前面的标识符为"："。据此，本案例副题名前的"——"应改为"："。

题名含有版本项的著录

【案例7-6】

[21] 全国农业技术推广服务中心. 土壤分析技术规范 第2版[M]. 北京：中国农业出版社，2006.

【辨析】根据GB/T 7714—2015《信息与文献　参考文献著录规则》中"4.1　专著"的著录格式规定，版本项应位于出版地之前，且版本需用阿拉伯数字、序数缩写形式表示。据此，在本案例中，版本项应后移并用序数缩写形式表示。

第三节　出处项著录问题

刊名信息变更的著录

【案例7-7】

> [5] 翁伯琦,陈炳焕,唐建阳,等. ^{15}N示踪法研究稻萍鱼体系中红萍氮素的利用及对水稻生长的影响[J]. 福建农业学报,1987,2（1）:16-24.
>
> （福建农业学报 → 福建省农科院）

【辨析】 参考文献中出处项要原原本本按信息源的信息著录,否则将无法检索到原始文献。本案例中的连续出版物《福建农业学报》在1987年的刊名为《福建省农科院学报》,故此应仍采用原刊名信息著录。

刊名英译的著录

【案例7-8】

> [14] 徐金瑞,张瑞芬,潘国伟. 番石榴叶黄酮的微波提取及其抗氧化作用研究[J]. 中国食品学报,2010,10（5）:166-170.
> XU J R, ZHANG R F, PAN G W. Microwave extraction technology and antioxidation of flavonoid in guava leaf [J]. Chinese Journal of Food Science, 2010,10（5）:166-170.（in Chinese）
>
> （Chinese Journal of Food Science → Journal of Chinese Institute of Food Science and Technology）

【辨析】 本案例为用双语著录连续出版物出现题名英译错误。一些中文期刊刊名的英译有其特定的要求，著录时切不能按刊名中文意思直译，应从原版期刊中找出该刊使用的刊名特定译法。

刊名组成部分的著录

【案例7-9】

> [22] 王希贤，吴君，李磊，等.生物炭和氮肥对沿海沙地鼓节竹笋生长和光合特性的效应[J].福建农林大学学报：自然科学版，2022，51（2）：217-223.

【辨析】GB/T 7714—2005《文后参考文献著录规则》在示例中把高校学报刊名组成部分的"自然科学版"误作为其他题名信息著录，并使用前置符"："。GB/T 7714—2015《信息与文献 参考文献著录规则》纠正了GB/T 7714—2005的失误，明确规定"其他题名信息"只包括"副题名，说明题名文字，多卷书的分卷书名、卷次、册次，专利号，报告号，标准号"，并列出正确的示例"北京师范大学学报（自然科学版）"。在本案例中，"（自然科学版）"是刊名"福建农林大学学报"的组成部分，不应把其视为说明题名文字或副题名而使用标识符"："。

第四节 标识符号著录问题

表示起讫页码范围的标识符

【案例7-10】

【辨析】GB/T 7714—2015《信息与文献 参考文献著录规则》规

> [25] 李玥, 赖勇林, 王军, 等. 不同养分缺乏对烤烟根系形态及营养生长的影响 [J]. 中国烟草科学, 2015, 36（2）：60-65.

定，"-"用于起讫序号和起讫页码间。这里的"-"属于文献标识符，不能用中文标点符号半字线的意义去理解。据此，用范围符"～"或"—"都是不对的。

标识符借用的标点符号文种

【案例7-11】

> [27] 侯皓,刘慧,贺鹏程,等.木兰科常绿与落叶物种叶片构建策略的差异[J].热带亚热带植物学报,2019,27(3):272-278.
>
> 侯皓，刘慧，贺鹏程，等．木兰科常绿与落叶物种叶片构建策略的差异[J]．热带亚热带植物学报，2019，27（3）：272-278．

【辨析】 在GB/T 7714—2015《信息与文献 参考文献著录规则》的"7.2 参考文献使用下列规定的标识符"中，除"."外，其余标识符均借用了中文标点符号，而非英文标点符号。当前，农业科技期刊中参考文献标识符使用较为混乱，存在全部或部分借用英文标点符号的情况，也有中文文献借用中文标点符号、英文文献借用英文标点符号的现象。此外，在同一篇文章甚至同一条参考文献中，标点符号的全角、半角使用也不一致。本案例存在的问题是标识符全部借用英文标点符号，宜将其改为中文标点符号，即","改为"，"，"[]"改为"［］"，"()"改为"（）"，":"改为"："。并且，为保证期刊格式的一致性，标识符采用半角还是全角，应在整刊中保持统一。

第八章　英文表达

第一节　专业术语翻译问题

分类学品种两种译法的区别

【案例8-1】

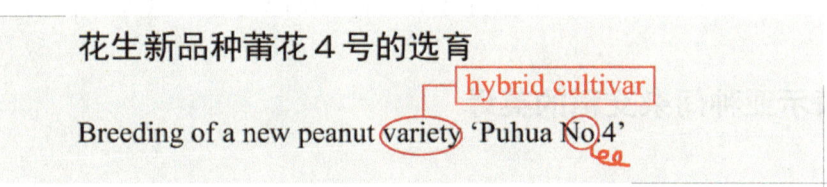

花生新品种莆花4号的选育

Breeding of a new peanut variety 'Puhua No.4'
（hybrid cultivar）

【辨析】cultivar和variety二者都是生物学分类系统的单位，均位于种（Species）、亚种（Subspecies）之后。variety指自然发生的纯种，基因型和表现型与亲本相同，如没有经过改良的地方品种，相当于"变种"，而cultivar既可指纯种，但更多情况下是指非纯种，即经过人工改造而获得的杂品种，包括杂交品种。作为纯种时二者都可以互用，但对于通过杂交育成的杂交种（Hybrid），或通过转基因手段育成的转基因材料都宜使用cultivar，不适合用variety。本案例中花生新品种莆花4号属于人工选育的杂交种，因此宜改为"cultivar"。由于这个品种是杂交品种,"cultivar"前还要加上"hybrid"。

起源于我国的品种译名

【案例8-2】

熏硫对采后龙眼果皮衰老若干生理变化的影响

Effects of Sulphur Fumigation on Some Physiological Changes of Postharvest Senescence in Lon~~y~~an Pericarp   (g)

【辨析】龙眼起源于我国的南方亚热带地区。18世纪,随着中国与西方的贸易和文化交流,龙眼被引入西方,其英文"longan"是粤语"龙眼"的音译,而不是按拼音形成的英文单词。在本案例中,一位编辑误将作者正确使用的"longan"当作拼音拼写错误,而改成了"longyan"。在终校过程中,笔者发现并将其改回为正确的"longan"。类似的源于汉语方言音译的英文单词还有"litchi(荔枝)"(源自粤语)和"tea(茶)"(源自闽南方言)。

表示亚种间杂交稻的英译

【案例8-3】

亚种间杂交稻母本与组合光合产物性状的相关性

关键词:亚种间杂交稻;可溶性糖;淀粉

Keywords: hybrid rice ~~between subspecies~~ (intersubspecific); soluble sugar; starch

【辨析】"hybrid rice between subspecies"虽能表达出"亚种间杂交水稻"的意思,但用词口语化,不是专业的学术用语,不宜用于学术论文。"intersubspecific"由"inter-"（表示"之间"或"相互"）和"subspecific"（表示"亚种级别的"）组合而成，在生物学和农业科学领域这是一个常用术语，用于描述亚种之间的杂交。据此，表示"亚种间杂交水稻"准确、专业的翻译是"intersubspecific hybrid rice"。

表示遗传性状的英译

【案例8-4】

Abstract:【Objective】The very complex genetic characteristics (traits) at heading stage that dictate the adaptability of a rice cultivar to ecological zones were studied.

【辨析】在生物学领域，characteristic和trait同为"性状"的英译，但两者之间的特质和侧重不同。characteristic指某一事物或生物体在某一方面的典型特征，这些特征可以是先天遗传的，也可以是后天环境影响或人为造成的。trait特指生物体的某一具体性状，如形态结构、生理或行为特征，这些特征是遗传的，并且可以在世代之间传递。据此，本案例中"遗传性状"应译为"genetic traits"。

表示丰产性与稳产性的翻译

【案例8-5】

双季机械直播早籼稻品种的丰产性和稳产性
关键词：早籼稻；机械直播；丰产性；稳产性

High and Stable Yield of Early Indica Rice Varieties with (High-yielding Ability and Yield Stability)
Double-Season Mechanical Direct Seeding
Key words: early indica rice; mechanical direct seeding; productivity (high-yielding ability); stability (yield stability)

【辨析】丰产性与稳产性是农作物的重要性状。但在一些农业科技论文中，这两个术语常被翻译成"high yield"（高产）和"stable yield"（稳产）。高产、稳产是品种种植后的实际表现，而高产性、稳产性是表示品种的性状或能力。具有高产潜力的品种，能否实现高产还取决于栽培与环境条件。因此，"高产性和稳产性"的地道英文表述为"high yielding ability and yield stability"。

第二节　英文规范表达问题

表示质量大小和时间范围的英译

【案例8-6】

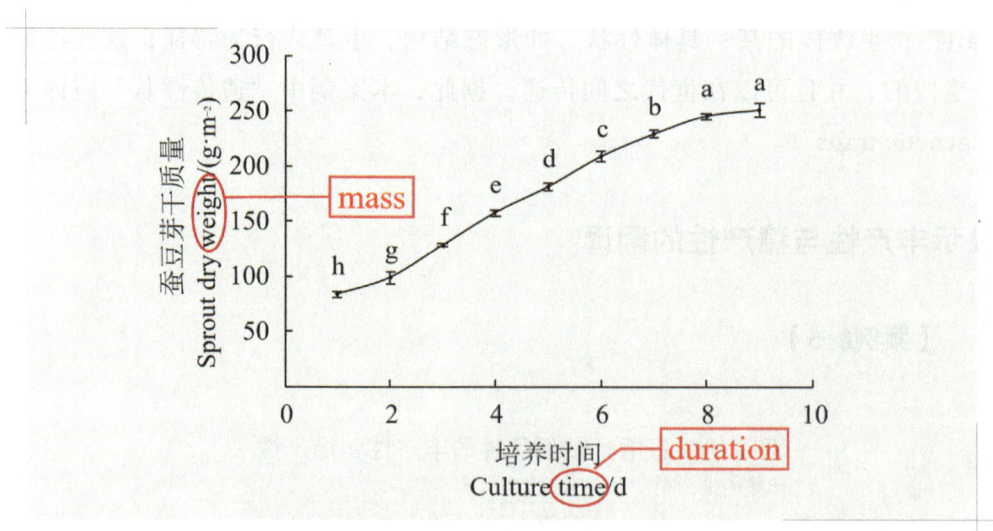

【辨析】本案例的横坐标标目"培养时间"是指培养的时间间隔，而"time"一般用于表示时间的点，表示时间间隔的英文单词宜使用

"duration"。纵坐标标目"蚕豆芽干质量"是指植株所含物质的数量，它不随地理位置的改变而改变；而"weight"一般指物体受到的重力的大小，会因地理位置的不同而有所变化。因此表示植株所含物质的数量使用"mass"更为合适。

作者姓名的英译

【案例8-7】

LU Yun-mei, HUANG Renhua*, LIU Hongyu

【案例8-8】

SYBR Green I RT-PCR Assay for Quantitative Detection of Salmonella in Irrigation Water

LV Xin[1,2], LIU Lanying[1,2], LI Yueren[1,2]*

（YU）

【辨析】在案例8-7中，中国作者姓名的汉语拼音采用"双名中间加连字符"的格式，这种格式源自CAJ-CD B/T 1—2007《中国学术期刊（光盘版）检索与评价数据规范》（以下简称《CAJ-CD规范》）。然而，2010年以来，随着涉及科技论文编排格式的国家标准和行业标准的相继发布，《CAJ-CD规范》已不再被推广使用。依据GB/T 28039—2011《中国人名汉语拼音字母拼写规则》和GB/T 16159—2012《汉语拼音正词法基本规则》，双名拼音应连写，中间无须加连字符。所以，科技期刊在对中国作者姓名进行英译（拼音）时，宜采用国标规定的编排格式，即双名不加连字符。案例8-8为吕姓拼音的拼写法问题。"吕"的拼音为"LÜ"，但Ü并非英文字母，若拼成"LU"容易跟"LU"（陆）等混淆；"LV"只是为方便键盘拼写的变通方式，并非正规的汉语拼音，也无法用拼音读出。GB/T 28039—2011《中国人名汉语拼音字母拼写规则》6.2规定："根据技术处理的特殊需要，必要的场合（如公民护照、对外文件和书刊等），大写字母Ü可用YU代替。"据此，案例8-8中吕姓的英文表达（拼音）宜改为"LYU"，或仍保留拼音结构，用"LÜ"表示。

句首为阿拉伯数字的英译

【案例8-9】

【Methods】13（→Thirteen）varieties of lettuce with desirable qualities were collected from the province and elsewhere for the experimentation.

【辨析】在英语中，句首通常不宜直接使用阿拉伯数字，而应使用英文单词来表示数字。所以，当遇到句首为数字的情况时，务必将数字拼写出来，以确保译文符合英语表达习惯。

表示"下同"的英译

【案例8-10】

柱上无相同字母代表0.05水平差异显著。下同。
Data on the bars marked without the same lowercase letter indicated significant differences at $P<0.05$. The same as bellow.（→Same for bellow）

图1 不同混合基质的黄瓜种子出苗率

【辨析】农业科技期刊中常用"下同"表示下列的同类图注与此图相同，以避免出现重复相同的注释。本案例中"The same as bellow"的含义是"同下"，即与下列图注相同，显然作者把含义弄反了。"下同"的正确译文为"Same for bellow"（"下面的也一样"）或"The same bellow"（"以下相同"）。

第九章　期刊出版形式

第一节　封面问题

标准连续出版物号格式

【案例9-1】

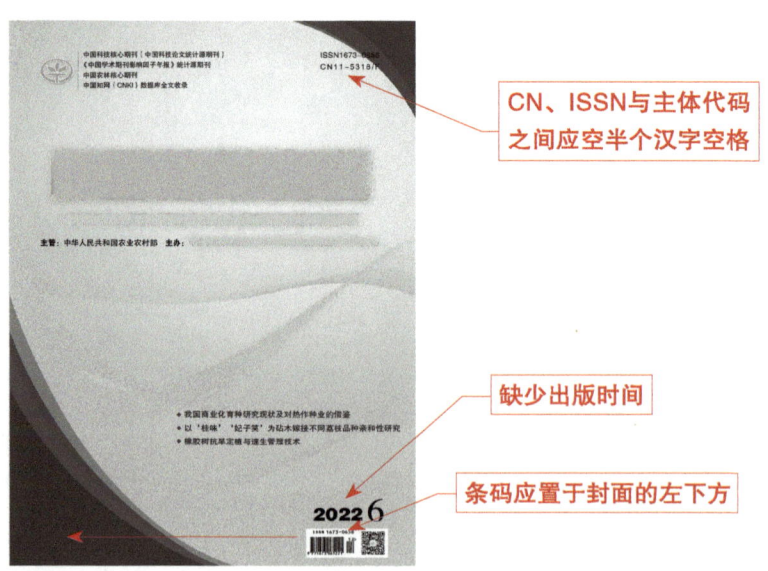

【辨析】GB/T 9999.1—2018《中国标准连续出版物号 第1部分：CN》规定"CN与主体代码之间有半个汉字空格"，GB/T 9999.2—2018《中国标准连续出版物号 第2部分：ISSN》规定"后缀'ISSN'与其后的两组数字之间使用一个半角空格相隔"。据此，本案例中CN和ISSN与数字之间应留出半个汉字空格。另外本案例中封面未刊登出版月份，条码位置也出错。

责任单位和出版年月的标注

【案例9-2】

【辨析】《期刊出版管理规定》第三十二条指出："期刊须在封面的明显位置刊载期刊名称和年、月、期、卷等顺序编号，不得以总期号代替年、月、期号。"GB/T 3179—2009《期刊编排格式》规定："期刊封一应标明主办者（刊名已表明主办单位者除外）。"本案例期刊为双月刊，封一右上角"2022"上方的"4"为刊期，不是月份，因此还须刊载出版月份。其次，封一中应标明期刊主办单位。

信息标注的位置

【案例9-3】

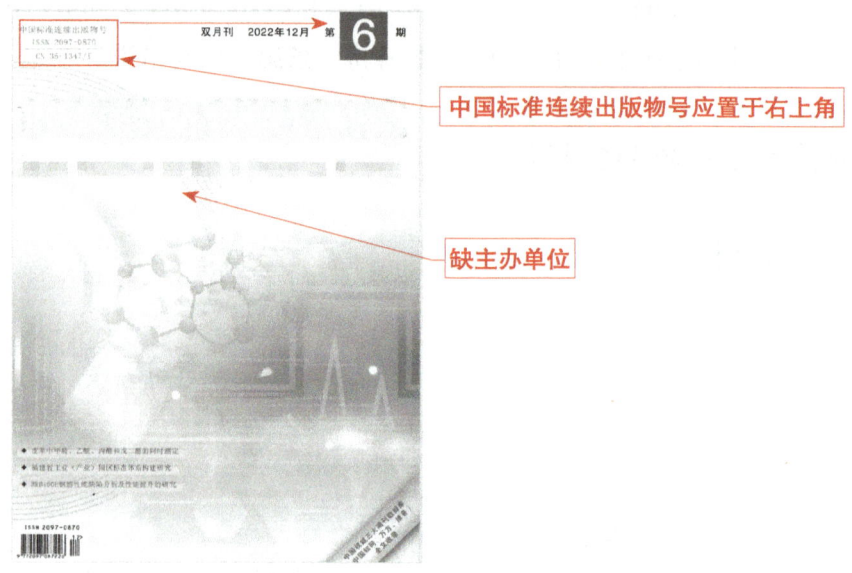

【案例9-4】

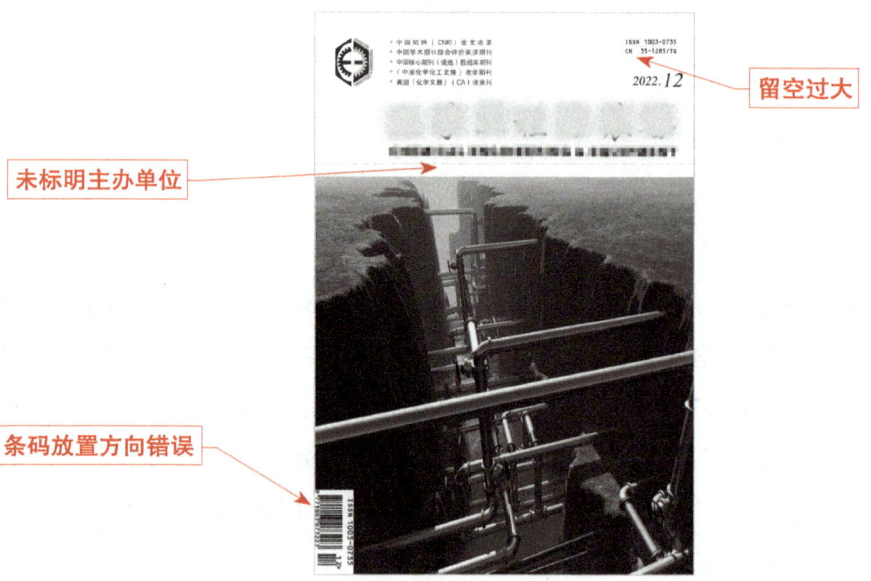

【辨析】GB/T 9999.2—2018《中国标准连续出版物号 第2部分：ISSN》规定"ISSN应印刷在期刊封面右上角"。然而，案例9-3把ISSN印在封一左上角，这是错误的。根据GB/T 16827—1997的规定，中国标准连续出版物号（ISSN部分）条码优先位置为封一的左下角，也可为封四的右下角。案例9-1印在封一的右下角是错误的。案例9-4中条码位置虽然正确，但是方向印反了。根据CY/T 120—2015规定，左翻页的出版物图表上方应朝左，而该案例条码上方朝右。

第二节　版权页与目次表问题

广告证照与发行单位的标注

【案例9-5】

广告经营许可证号：3500004000353
发　　行：福建省邮政报刊发行局
发行范围：公开发行

中国邮政集团有限公司福建省分公司

【辨析】《广告经营许可证管理办法》已从2016年11月1日起废止，取消对广告经营许可的登记，改为实行备案制度。原来登记的经营许可证及期证号也就自动失效。2006年我国推行邮政体制改革后，已不存在邮政报刊发行局，负责报刊征订的单位应为中国邮政集团公司的属地分公司。

目次页标注规范

【案例9-6】

目 录 [次] [应列出所有作者姓名]

有机替代对山地蜜柚园径流氨磷流失和果实品质的影响……李发林,钱笑杰,张天翔,等(1)
应用胶体金免疫层析法快速检测甜椒中5种农药残留……………………………卢燕平(8)
不同柠檬砧木耐盐性差异………………………………………谢晓清,苏金强,林秋金,等(13)

【辨析】 GB/T 3179—2009《期刊编排格式》指出"目次表条目应与其对应的内容一致",所以目次表应列出全部作者。该刊目次页中的作者信息与正文不一致。本案例中"目录"应改为"目次"。

版权页责任者标注规范

【案例9-7】

[支持] ↑ 协办单位:
福建省种子管理总站
福建省六三种业有限责任公司
福建科力种业有限公司

【辨析】《期刊出版形式差错数计算方法》中"主要责任单位"第2条规定:"以合办、协办、承办等名义刊登非责任单位信息,计2个差错。"《出版管理条例》《期刊出版管理规定》都没有涉及所谓协办、承办等责任单位。因此,对办刊给予支持的单位,不能标注为"协办单位",可用"支持单位""学术支持单位"等名称。

第十章 政策法规与科学常识

第一节 涉及我国台湾地区机构称谓问题

日本在台湾殖民统治的称谓

【案例10-1】

> 2.5 搭建桥梁，理顺沟通渠道
> 台湾农会成立于19世纪70年代日治时期，其宗旨

（"日治"处标注：日本侵占和殖民统治）

【辨析】荷兰、日本对我国台湾的侵占和殖民统治不得简称为"荷治""日治"。在本案例中，"日治"应改为"日本侵占和殖民统治时期"。值得注意的是，"据"的词义具有多义性，可意为"依据""据守""占据"等。因此"荷据时期""日据时期"这样的表述也不准确，宜分别改为"荷兰侵占时期""日本殖民统治时期"，以准确地还原历史真相。

台湾地区机构单位的称谓

【案例10-2】

1 长江大学农学院,湖北省主要粮食作物协同创新中心,湿地生态与农业利用教育部工程研究中心,荆州,434025;2 国立台湾大学植物科学研究所,台湾,10617

【案例10-3】

[9] Chu Y I, Horng S B. Effects of slag and nitrogen fertilizer on the damage of Asian corn borer to field corn [J]. *Memoirs of the College of Agriculture, National Taiwan University*, 1994, 34 (1):45-53.

【案例10-4】

[12] 邵广昭,杨瑞森,陈康青,等.台湾海域鱼卵图鉴[M].台湾:中央研究院动物研究所,2001.

"中研院"

【案例10-5】

台湾地区农业主管部门

[32]卢重成. 台湾产头足类修订之名录. 2008 台湾物种多样性. I. 研究现况[M].台北:行政院农业委员会,2008.
LU C C. A Revised Checklist of Cephalopoda of Taiwan. Taiwan Species Diversity. I. Research and Status[M]. Taibei: Council of Agriculture, Executive Yuan, 2008.

The agriculture authority of Taiwan

【辨析】对台湾冠有"国立"字样的学校和机构，在使用时必须去掉"国立"二字（案例10-2、案例10-3）。对台湾当局以所谓"中央""行政院"名义设立的官方机构及企事业单位，不得直接使用，须删去相关用语，或作变通处理。如"中央研究院"简称为"中研院"并加引号（案例10-4），"'行政院'农业委员会"改为"台湾地区农业主管部门"（案例10-5），并须注意英文部分也应做相应修改（案例10-5）。

台湾地区有关规定的称谓

【案例10-6】

持较高水平，主要是中央山脉地区的土地开发受到台湾法律的限制[22]，因此该地区的植被保持其自然状态。此外，相对较高的海拔、陡坡和低温使

（法律 → 地区有关规定）

【辨析】台湾是中国领土不可分割的一部分，不具备独立的立法权，不得使用"法律"一词。对台湾地区施行的"法律"，应改称为"台湾地区有关规定"。如果必须引用台湾当局颁布的"法律"时，应加引号并冠之"所谓"两字，以明确其不具备真正的法律效力，只是台湾地区自行制定的规则。

台湾地区少数民族的称谓

【案例10-7】

区健全发展的综合性土地改良措施[9]。农地重划的实施区域主要是在台湾"区域计划法"划定的乡村区、农村聚落、原住民聚落，同时可以根据区域整体发展或公共设施配置需要而适度扩大的区域。

（原住民 → 少数民族）

【辨析】对台湾少数民族不称"原住民"，可统称为台湾少数民族或称具

体的名称，如"阿美人""泰雅人"。在国家正式文件中称高山族。

第二节　涉及机构名称和领导职务称谓问题

人大常委会领导职务的称谓

【案例10-8】

> 应省乡村振兴研究会邀请，我院副院长、二级研究员████带领我院有关专家，陪同原省人大副主任（常委会原）

【辨析】地方组织法规定，县级以上人民代表大会的常设机关是各级人民代表大会常务委员会，县级以上地方各级人民代表大会常务委员会设主任，各级人民代表大会不设主任。因此"省人大常委会副主任"中的"常委会"不能省略。另外，在涉及原任职务的表述时，"原"字的用法需特别注意，一般将其置于职务之前，以表明该人员曾经担任过该职务，但现在已经不再担任。"原"若加在机构或组织前，一般表示机构或组织已改名或撤并。

地方党组织领导的称谓

【案例10-9】

> 农作物受灾面积达到 267 hm²（其中绝收面积 75 hm²），经济作物损失 4081 万元，水利设施直接经济损失 1490 万元。灾情发生后，建瓯市市委书记

【辨析】"建瓯市委书记"是"中国共产党建瓯市委员会书记"的简称,全称只有一个"市"字,简称不能多加一个"市"字。值得注意的是,如果是"建瓯市市长",则不能表述为"建瓯市长",因为其全称是"建瓯市人民政府市长",其中包含"市政府"和"市长"两个词形。

村委会负责人的称谓

【案例10-10】

> 为村庄中无负担的老人。
> 　　第二,有负担的中青年人往往承担村长、理事长的角色。他们在村庄大事方面通常与长老保持一

（批注：村长 → 委会主任）

【辨析】新中国成立初期,我国成立了以村为单位的行政组织,当时有使用"村长"一词。人民公社化运动后,"村长"称呼在事实上已不存在。《中华人民共和国宪法》规定:"居民委员会、村民委员会的主任、副主任和委员由居民选举。"《中华人民共和国村民委员会组织法》规定:"村民委员会由主任、副主任和委员共三至七人组成。"《新华社新闻信息报道中的禁用词和慎用词》（2019年2月修订）指出:"村民委员会主任"简称"村主任",不得称"村长"。因此,使用"村长"称呼不符合《中华人民共和国宪法》和《中华人民共和国村委会组织法》的规定,应改为"村委会主任"。

第三节　涉及科学性与常识性的差错

科学知识错误

【案例10-11】

【辨析】鞣酸的中文别名有单宁、鞣质、单宁酸等。鞣酸有很强的收敛

[多酚类化合物] 的 2.24 倍（$OR = 2.24$）。产生这种结果可能的原因是茶叶富含[鞣酸]，频繁喝茶可能影响某些药物和营养素的吸收，从而对本组老年患者的血脂水

性，作为收敛剂只能外用，内服有肝毒性，对人体有害。富含鞣酸的水果、中药材会刺激胃黏膜，能使蛋白质凝固。茶叶中含有多酚类物质，简称"茶多酚"，主体物质儿茶素也具有苦涩味和收敛性。但早期人们还搞不清楚"茶多酚"这种物质的化学结构与性质，就借用鞣酸名称。当科学研究逐步弄清楚茶叶中的这种物质是茶多酚后，就改称科学名称"多酚类化合物"或"茶多酚"。茶多酚和鞣酸并不是同一类型的鞣质，鞣酸是水解鞣质，而茶多酚为缩合鞣质。茶多酚有很强的清除人体内自由基的功能，具有保护肝功能和防癌的功效，这已被大量研究所证明。遗憾的是，仍有许多科技类书刊（甚至包括《中国居民膳食指南》）都提到"茶叶富含鞣酸""茶叶中的鞣酸会阻碍铁质的吸收"等，这些科学知识是错误的。

统计学符号误用

【案例10-12】

运用 IMB SPSS 19.0 进行数据分析统计，通过 Duncan 法进行显著差异性分析，其中重金属 Cr、Pb 通过 Duncan 法和最小显著性差数[LSR]法两种分析方法结合进行显著性分析。通过 Microsoft Office Excel 2016 进行图的制作。（LSD）

【辨析】 多重比较（multiple comparisions）常用的方法有最小显著差数法（the least significant difference，LSD）和最小显著极差法（the least significant range，LSR）。LSD法是两个平均数比较的t检验法。LSR法是采用

不同平均数间用不同的显著差数标准进行比较（俗称"两两比较"），包括新复极差检验（Duncan法）和q检验（SNK）法。本案例中的"最小显著差数法"是LSD法，不是LSR法。

涉及会议的规范用语

【案例10-13】

福建省畜牧兽医学会成立70周年庆典暨2022年学术年会在福州隆重召开

2022年9月16日至18日，由福建省畜牧兽医学会、福建农林大学动物科学学院（蜂学学院）、福建省畜牧业协会联合主办的福建省畜牧兽医学会成立70周年庆典暨2022年学术年会在福州旗山梅园酒店隆重召开。福

【辨析】"隆重"的意思是盛大、庄严。《新华社新闻信息报道中的禁用词和慎用词》（2019年2月修订）指出，除了党中央、国务院召开的重要会议外，一般性会议不用"隆重召开"字眼。

基金项目的规范表述

【案例10-14】

基金项目：国家自然基金（31660071）；青海省科技厅自然科学基金项目（2017-ZJ-734）
　　　　　　　　　↑科学

【案例10-15】

基金项目：国家重点研发计划子课题（2018YFD0100106-2）；福建省区域发展项目（2018N3016）
　　　　　　　　　　　　　　　　　　　　　　　　　　　　　　↑科技计划

【辨析】案例10-14中"青海省自然科学基金项目"是由青海省科技厅代表省级科技管理部门下达的科研项目,属于省级项目;而"青海省科技厅自然科学项目"等同于省科技厅自立的项目,本案例不属于科技厅自立项目,故应删去"科技厅"。"国家自然基金"为口语化简称,应使用全称"国家自然科学基金"。案例10-15中,"福建省区域发展项目"指代不明,区域发展包括科技、经济、文化、生态等多个领域,故本案例应按照项目名称的全称标注,为"福建省科技计划区域发展项目"。

附录一　报纸期刊质量管理规定

国家新闻出版署关于印发《报纸期刊质量管理规定》的通知

国新出发〔2020〕10号

各省、自治区、直辖市和新疆生产建设兵团新闻出版局,中央和国家机关各部委、各人民团体报刊主管部门,中央军委政治工作部宣传局,中央各重点出版集团:

现将《报纸期刊质量管理规定》印发给你们,请认真遵照执行。

国家新闻出版署
2020年5月28日

报纸期刊质量管理规定

第一条 为加强报纸、期刊质量管理,规范报纸、期刊出版秩序,促进报纸、期刊质量提升,根据《中华人民共和国产品质量法》《出版管理条例》《报纸出版管理规定》《期刊出版管理规定》等法律法规,制定本规定。

第二条 本规定适用于经国家新闻出版主管部门批准,持有国内统一连续出版物号,领取报纸出版许可证和期刊出版许可证的报纸、期刊。

第三条 报纸、期刊质量包括内容质量、编校质量、出版形式质量、印制质量四项,分为合格和不合格两个等级。四项均合格的,其质量为合格;四项中有一项不合格的,其质量为不合格。

第四条 报纸、期刊内容符合《出版管理条例》第二十五条、第二十六条规定,并符合国家新闻出版主管部门批准的业务范围的,其内容质量为合格;不符合的,其内容质量为不合格。

第五条 报纸、期刊编校差错判定以相关法律法规、国家标准、行业标准及规范为依据。

报纸编校差错率不超过万分之三的,其编校质量为合格;差错率超过万分之三的,其编校质量为不合格。差错率的计算按照本规定附件《报纸编校差错率计算方法》执行。

期刊编校差错率不超过万分之二的,其编校质量为合格;差错率超过万分之二的,其编校质量为不合格。差错率的计算按照本规定附件《期刊编校差错率计算方法》执行。

第六条 报纸、期刊出版形式差错判定以相关法规规章、国家标准、行业标准及规范为依据。

报纸出版形式差错数不超过三个的,其出版形式质量为合格;差错数超过三个的,其出版形式质量为不合格。差错数的计算按照本规定附件《报纸出版形式差错数计算方法》执行。

期刊出版形式差错数不超过五个的,其出版形式质量为合格;差错数超过五个的，其出版形式质量为不合格。差错数的计算按照本规定附件《期刊出版形式差错数计算方法》执行。

第七条　报纸印制质量包括单份印制质量和批印制质量，期刊印制质量包括单册印制质量和批印制质量。报纸、期刊印制符合国家和行业现行标准及规定的，其印制质量为合格；不符合的，其印制质量为不合格。

第八条　国家新闻出版主管部门负责全国报纸、期刊质量管理工作，各省级新闻出版主管部门负责本行政区域内的报纸、期刊质量管理工作。各级新闻出版主管部门应当切实履行监管职责，实施报纸、期刊质量检查，并及时向社会公布检查结果。

第九条　报纸、期刊主管主办单位应当督促出版单位建立健全质量管理制度并监督落实，将报纸、期刊质量纳入出版单位社会效益评价考核，对质量不合格的报纸、期刊提出处理意见和整改措施。报纸、期刊出版单位应当落实"三审三校"等管理制度，加强业务培训，保证出版质量。

第十条　报纸、期刊质量检查采取抽样方式进行。报纸内容质量、编校质量、出版形式质量抽样检查的对象为报纸各版面及中缝、插页等所有内容。期刊内容质量、编校质量、出版形式质量抽样检查的对象为期刊正文、封一（含书脊）、封二、封三、封四、版权页、目次页、广告页、插页等所有内容。报纸、期刊印制质量检测样本抽取依据相关标准进行。

第十一条　新闻出版主管部门实施报纸、期刊质量检查，须将检查结果为不合格的报纸、期刊的具体情况书面通知出版单位或主办单位。出版单位、主办单位如有异议，须在接到通知后15日内提出复检申请；对复检结果仍有异议，须在接到通知后7日内向上一级新闻出版主管部门请求复核。

第十二条　报纸、期刊内容质量、编校质量、出版形式质量不合格的，由省级以上新闻出版主管部门依据《出版管理条例》《报纸出版管理规定》《期刊出版管理规定》等相关规定，责令改正，给予警告；情节严重的，责令限期停业整顿，或由原发证机关吊销出版许可证。

报纸、期刊出现严重质量问题的，出版单位应当采取收回、销毁等措施，消除负面影响。

第十三条　报纸、期刊印制质量不合格，出版单位应当及时收回、调换。

出版单位违反本规定继续发行印制质量不合格报纸、期刊的，按照《中华人民共和国产品质量法》《出版管理条例》等相关规定处理。

第十四条 省级以上新闻出版主管部门对报纸、期刊质量管理工作中成绩突出的单位和个人予以表扬或者奖励。

第十五条 本规定自印发之日起施行。

附录二　期刊编校差错率计算方法

一、期刊编校差错率

期刊编校差错率，是指在期刊编校质量检查中，编校差错数占检查总字数的比率，用万分比表示。如检查总字数为2万，检查后发现2个差错，则其差错率为1/10 000。

二、期刊检查总字数计算方法

期刊检查总字数为被检查的版面字数，即：检查总字数=每行字数（通用字号）×每面行数×检查总面数。

1. 凡连续编排页码的正文、辅文，以及版权页、目次页、广告页、插页等，除空白面不计以外，均按一面满版计算字数。

2. 页眉和单排的页码、边码作为行数或每行字数计入正文，一并计算字数。

3. 脚注、参考文献、索引、附录等字号有变化时，分别按行数×每行字数计算。

4. 封一（含书脊）、封二、封三、封四，每面按正文满版字数的50%计算，空白面不计。

5. 正文中的插图、表格，按正文的版面字数计算。插图、表格占一面的，有文字说明的按满版字数的50%计算，没有文字说明的按满版字数的20%计算。

6. 以图片为主的期刊，有文字说明的版面，按满版字数的50%计算；没有文字说明的版面，按满版字数的20%计算。

7. 外文期刊、少数民族文字期刊及期刊的拼音部分，以对应字号的汉字字数加30%计算。

三、期刊编校差错计算方法

1. 重要信息差错

封一（含书脊）上的文字差错，按正文同样错误计错标准的双倍计数。正文中重要名称、重要时间、重要图片等信息错误，按一般错误计错标准的双倍计数。

2. 文字差错

一期期刊中，同一文字差错重复出现，最多计3次差错。

（1）事实性、知识性、逻辑性、语法性错误，每处计1个差错。

（2）错字、别字、多字、漏字为1个字的，每处计1个差错；2～5个字的，每处计2个差错；5个字以上的，每处计4个差错。

前后颠倒字，可以用一个校对符号改正的，每处计1个差错。阿拉伯数字、罗马数字差错，无论几位数，都计1个差错。

（3）阿拉伯数字和汉字数字用法不符合《出版物上数字用法》国家标准，每处计0.1个差错，一期最多计1个差错。

（4）外文和国际音标以1个单词为单位，无论其中有几处差错，计1个差错。

（5）少数民族文字以1个字或词为单位，无论其中有几处差错，计1个差错。

（6）汉语拼音不符合《汉语拼音方案》和《汉语拼音正词法基本规则》等国家规定和标准，以1个对应的汉字或词组为单位，无论其中有几处差错，计1个差错。

（7）字母大小写和正斜体、黑白体误用，不同文种字母混用（如把英文字母N错为俄文字母И），字母与其他符号混用（如把英文字母O错为阿拉伯数字0），每处计0.5个差错。

（8）违反相关规定使用繁体字或不规范汉字，每处计0.5个差错。

（9）科技理论和科学普及类文章使用量和单位，其名称、符号、书写规则不符合《国际单位制及其应用》《有关量、单位和符号的一般原则》《空间和时间的量和单位》等相关标准，使用科技术语不符合全国科学技术名词审定委员会公布的规范词，每处计0.5个差错。一个组合单位符号，无论其中有几处差错，计0.5个差错。

（10）专有名词译法不符合相关规范，每处计0.5个差错。

（11）涉港、澳、台等用语不符合相关规定，每处计1个差错。

（12）使用网络用语、缩略语、口语不符合相关规定，每处计0.5个差错。

3. 标点符号和其他符号差错

使用标点符号应当符合《标点符号用法》国家标准，使用其他符号应当符合相关规范。同一标点符号差错重复出现，一面最多计3次差错，一期最多计1个差错。同一其他符号差错重复出现，一期最多计3次差错。

（1）标点符号错用、漏用、多用，每处计0.1个差错。

（2）标点符号误在行首、标号误在行末，每处计0.1个差错。

（3）外文复合词、外文单词按音节转行，漏排连接号，每处计0.1个差错。

（4）数学符号、科学符号、乐谱符号等符号差错，每处计0.5个差错。

（5）图序、表序、公式序、参考文献序等标注差错，每处计0.1个差错。

4. 格式差错

（1）不符合版式要求的另版、另段、另行、接排、空行、空格及需要空行、空格而未空等，每处计0.1个差错。

（2）字体错、字号错或字体字号同时错，每处计0.1个差错；同一面内的同一差错不重复计算，一期最多计1个差错。

（3）同一篇文章中几个同级标题的位置、转行格式、字体字号不统一，计0.1个差错；需要空格而未空格，每处计0.1个差错。

（4）阿拉伯数字、外文缩写词拆开转行，外文单词未按音节转行，每处计0.1个差错。

（5）图、表的位置错，每处计0.5个差错；图、表的内容与说明文字不符，每处计1个差错。

（6）页眉单双页位置互错，每处计0.1个差错，一期最多计1个差错。

（7）目次页中文章标题、页码、作者信息等与正文不一致，每处计1个差错；同类差错重复出现，一期最多计3个差错。

（8）参考文献著录项中的格式错误，每处计0.1个差错，一期最多计1个差错。

5. 其他差错

（1）学术论文编写不符合国家和行业相关标准，每处计0.5个差错，一期最多计2个差错。

（2）除图表、公式、符号需特殊处理等情况外，非广告正文主体字号小于6号（不包括6号），一期计2个差错。

附录三　期刊出版形式差错数计算方法

一、期刊出版形式基本要求

期刊应当在封一明显位置刊登期刊名称和年、月、期、卷等顺序编号。期刊增刊应当注明"增刊"字样，期刊合订本应当注明"合订本"字样。外文期刊应当同时刊登中文刊名，少数民族文字期刊应当同时刊登汉语刊名。

期刊应当在封四或版权页上刊登期刊名称、主要责任单位（主管单位、主办单位、出版单位）、印刷单位、发行信息（包括发行方式、发行单位、邮发代号等）、出版日期、总编辑（主编）姓名、定价（或"免费赠阅"字样）、国内统一连续出版物号（CN）等。领取国际标准连续出版物号（ISSN）的期刊应当同时刊登国际标准连续出版物号，期刊增刊应当刊登增刊备案号。公开发行的期刊应当在封一或封四刊登期刊条码。

期刊刊登广告应当在明显位置注明"广告"字样，不得以新闻形式刊登广告。

二、期刊出版形式差错计算方法

1. 期刊名称

（1）未在封一明显位置刊登期刊名称，计6个差错。

（2）刊登的期刊名称不是经国家新闻出版主管部门批准的名称，计6个差错。

（3）封一刊登的期刊名称未大于并明显于其他标识性文字，计6个差错。

（4）外文期刊未刊登中文刊名或外文刊名与中文刊名明显不一致，计2个差错。

（5）少数民族文字期刊未刊登汉语刊名或少数民族文字刊名与汉语刊名明显不一致，计2个差错。

（6）期刊名称在封一（含书脊）、版权页、封四等处未保持一致，计2个差错。

2. 国内统一连续出版物号和国际标准连续出版物号

（1）未刊登国内统一连续出版物号，计6个差错。

（2）刊登的国内统一连续出版物号不是经国家新闻出版主管部门批准的国内统一连续出版物号，计6个差错。

（3）刊登的国内统一连续出版物号不符合《中国标准连续出版物号》国家标准，计2个差错。

（4）已领取国际标准连续出版物号但未刊登，或刊登的国际标准连续出版物号与期刊名称不对应，计2个差错。

3. 主要责任单位

（1）未刊登主管单位、主办单位、出版单位，计2个差错。

（2）以合办、协办、承办等名义刊登非责任单位信息，计2个差错。

（3）未刊登出版单位地址及联系方式，计1个差错。

（4）刊登的主管单位、主办单位、出版单位不是经国家新闻出版主管部门批准的单位，计6个差错。

4. 期刊条码

期刊条码有下列情况的，每处计1个差错。

（1）未刊登条码。

（2）条码制作形式不符合要求，不能通过相关设备识读。

（3）条码信息与期刊名称、国内统一连续出版物号、国际标准连续出版物号、刊期及出版年份、月份不一致。

5. 印刷、发行信息

未刊登印刷单位、发行信息，计1个差错。

6. 总编辑（主编）姓名

未刊登总编辑（主编）姓名，计1个差错。

7. 版权信息

（1）刊登非广告作品未注明作品名称、作者姓名等信息，每处计1个差错，一期最多计2个差错。

（2）刊登转载作品未注明作品名称、作者姓名、转载出处等信息，每处计0.5个差错，一期最多计2个差错。

8. 出版标识

出版标识有下列情况的，每处计1个差错，一期最多计2个差错。

（1）未在封一明显位置刊登年、月、期、卷等顺序编号。

（2）未按批准的刊期出版。

（3）封一和版权页等处的年、月、期号标识有省略。

（4）采用卷号和（或）总期号标识的期刊，其卷号和（或）总期号随意更改、未连续编排或使用总期号、卷号代替年、月、期号。

（5）同一期刊每年出版的各期分别独立设置编号体系交叉出版。

（6）出版增刊未注明"增刊"字样、未刊登增刊备案号。

（7）出版合订本未注明"合订本"字样。

（8）刊登广告未注明"广告"字样。

9. 定价

未在固定位置刊登期刊定价（或注明"免费赠阅"字样），计1个差错。

10. 版权页

（1）未在期刊正文之前或封四上设立版权页，计2个差错。

（2）版权页刊登的项目（除期刊名称外）未与封一或封四保持一致，每处计1个差错，一期最多计3个差错。

11. 标识性文字

标识性文字使用夸大事实的宣传用语，如"世界排名第×名""全球发行量最大""中国唯一""获奖最多"等，每处计1个差错，一期最多计2个差错。

附录四　农业科技期刊常用的量和单位、符号（含缩写）

一、农业科学常用的物理量名称、国际符号和法定计量单位

物理量名称	量符号	单位名称	单位符号	换算因数和备注
长度	l, L	米	m	
高度	h			
厚度	d, δ			
半径	r, R			
直径	d, D			
距离	d, r			
面积	A，（S）	平方米 公顷	m^2 hm^2	
体积	V	立方米 升	m^3 L，（l）	$1\ L = 1\ dm^3$
时间，时间间隔，持续时间	t	秒 分 ［小］时 天	s min h d	$1\ min = 60\ s$ $1\ h = 60\ min$ $1\ d = 24\ h$
周期	T	秒	s	
频率	f, ν	赫兹	Hz	$1\ Hz = 1\ s^{-1}$
旋转频率（转速）	n	转每分	r/min	
波长	λ	米	m	
质量	m	千克（公斤） 吨	kg t	$1\ t = 1\ 000\ kg$

（续表）

质量体积	v	立方米每千克	m^3/kg	
摄氏温度	t, θ	摄氏度	℃	
辐［射］能	Q, W	焦［耳］	J	
辐［射］照度	E_e	瓦［特］每平方米	W/m^2	
光子照度	E_p	每秒平方米	s^{-1}/m^2	
［光］照度	E	勒［克斯］	lx	
相对原子质量	A_r	—	1	
相对分子质量	M_r	—	1	
原子质量	m_a	千克	kg	
原子质量常量	m_u	原子质量单位	u	1 u =1.660 540 2 × 10^{-27} kg
分子质量	m	千克 原子质量单位 道尔顿	kg u Da	$m=M_r m_u$ 1 u=1 Da=1.660 540 2 × 10^{-27} kg
物质的量	n	摩［尔］	mol	
体积质量	ρ	千克每立方米	kg/m^3	
B的质量浓度	ρ_B	千克每升	kg/L	
B的质量分数	w_B	—	1	
B的体积分数	φ_B	—	1	
B的浓度 B的物质的量浓度	c_B	摩［尔］每立方米 摩［尔］每升	mol/m^3 mol/L	
B的化学势	μ_B	焦［耳］每摩［尔］	J/mol	
半衰期	$T_{1/2}$	秒	s	

二、SI词头

因数	中文名称（英文名称）	符号	因数	中文名称（英文名称）	符号
10^{24}	尧［它］（yotta）	Y	10^9	吉［咖］（giga）	G
10^{21}	泽［它］（zetta）	Z	10^6	兆（mega）	M
10^{18}	艾［可萨］（exa）	E	10^3	千（kilo）	k
10^{15}	拍［它］（peta）	P	10^2	百（hecto）	h
10^{12}	太［拉］（tera）	T	10^1	十（deca）	da

（续表）

因数	中文名称（英文名称）	符号	因数	中文名称（英文名称）	符号
10^{-1}	分（deci）	d	10^{-12}	皮［可］（pico）	p
10^{-2}	厘（centi）	c	10^{-15}	飞［母托］（femto）	f
10^{-3}	毫（milli）	m	10^{-18}	阿［托］（atto）	a
10^{-6}	微（micro）	μ	10^{-21}	仄［普托］（zepto）	z
10^{-9}	纳［诺］（nano）	n	10^{-24}	幺［科托］（yocto）	y

三、农业科学常用的学术符号（缩写）

符号	规范术语	英文名
（一）分类学		
gen.nov.	新属	new genus
sp.	种	species
sp.indet.	未定种	species indeterminate
sp.nov.	新种	new species
subsp.	亚种	subspecies
var.	变种	variety
cv.	栽培种	cultivar
f.	变型	form
popul.	种群	population
sect.	组	section
（二）遗传学		
×	杂交	hybridization
⊗	自交	selfing
♂	父本	male parent
♀	母本	female parent
P	亲本	parent
F_1	子一代	first filial generation
F_2	子二代	second filial generation
n	配子染色体数	gametic chromosome number

(续表)

符号	规范术语	英文名
x	染色体基数	chromosome basic number
U	尿苷	uridine
C	胞苷	cytidine
A	腺苷	adenosine
G	鸟苷	guanosine
AUG	（真核生物）起始密码子	initiation codon（AUG）
UAA	终止密码子（赭石密码子）	termination codon（UAA）
UAG	终止密码子（琥珀密码子）	termination codon（UAG）
UGA	终止密码子（乳白密码子）	termination codon（UGA）
RNA	核糖核酸	ribonucleic acid
mRNA	信使核糖核酸	messenger RNA
DNA	脱氧核糖核酸	deoxyribonucleic acid
dNTP	脱氧核苷三磷酸	deoxyribonucleoside triphosphate
rDNA	核糖体DNA	ribosomal DNA
rRNA	核糖体RNA	ribosomal RNA
ctDNA	叶绿体DNA	chloroplast DNA
mtDNA	线粒体DNA	mitochondrial DNA
cDNA	互补DNA	complementary DNA
GSI	配子体自交不亲和性	gametophytic self-incompatibility
SSI	孢子体自交不亲和性	sporophytic self-incompatibility
CME	着丝粒交换	centromeric exchange
QTL	数量性状基因座	quantitative trait loci
Tn	转座子	transposon
DSB	双链断裂	double-strand breakage
LTR	长末端重复［序列］	long terminal repeat
RT	逆转录	reverse transcription
（三）植物生理与生化化学		
G	自由能	free energy
Ψ_w	水势	water potential

（续表）

符号	规范术语	英文名
Ψ_p	压力势	pressure potential
Ψ_s	溶质势	solute potential
Ψ_m	基质势	matric potential
μ	化学势	chemical potential
WUE	水分利用效率	water use efficiency
T_r	蒸腾速率	transpiration rate
P_n	净光合速率	net photosynthetic rate
G_s	气孔导度	stomatal conductance
SA	比活性	specific activity
OD	光密度	optical density
PAR	光合有效辐射	photosynthetically active radiation
NAR	净同化率	net assimilation rate
NPQ	非光化学猝灭	non-photochemical quenching
SEM	扫描电子显微镜	scanning electron microscope
TEM	透射电子显微镜	transmission electron microscope
RFS	相对自由空间	relative free space
PSⅠ	光系统Ⅰ	PhotosystemⅠ
PSⅡ	光系统Ⅱ	PhotosystemⅡ
Phy	光敏［色］素	phytochrome
NR	硝酸还原酶	nitrate reductase
NiR	亚硝酸还原酶	nitrite reductase
PRO	过氧化物酶	peroxidase
CAT	过氧化氢酶	catalase
PAL	苯丙氨酸氨裂合酶	phenylalanine ammonia-lyase
SOD	超氧化物歧化酶	superoxide dismu-tase
LDH	乳酸脱氢酶	lactate dehydrogenase
ROS	活性氧	reactive oxygen species
$\cdot O_2^-$	超氧阴离子自由基	superoxide anion
$\cdot OH$	羟自由基	hydroxyl radical

（续表）

符号	规范术语	英文名
$^1O_2$	单线态氧	singlet oxygen
H_2O_2	过氧化氢	hydrogen peroxide
IAA	吲哚乙酸	indole-3-acetic acid
IBA	吲哚丁酸	indole butyric acid
PAA	苯乙酸	phenylacetic acid
NAA	萘乙酸	naphthalene acetic acid
GA	赤霉素	gibberellin
KT	激动素	kinetin
CK	细胞分裂素	cytokinin
6-BA	6-苄基腺嘌呤	6-benzylaminopurine
ABA	脱落酸	abscisic acid
BL	油菜素内酯	brassinolide
Spm	精胺	spermine
Spd	亚精胺	spermidine
JA	茉莉酸	jasmonic acid
MJ	茉莉酸甲酯	methyl jasminate
SA	水杨酸	salicylic acid
PP333	多效唑	paclobutrazol
S3307	烯效唑	uniconazole
MH	马来酰肼	maleic hydrazide
HSP	热激蛋白	heat shock protein
R gene	抗性基因	resistance gene
PR protein	病程相关蛋白	pathogenesis-related protein
p-Lec	豌豆凝集素	pea-lectin
Ala，A	丙氨酸	alanine
Arg，R	精氨酸	arginine
Asn，N	天冬酰胺	asparagine
Asp，D	天冬氨酸	aspartic
Cys，C	半胱氨酸	cysteine

（续表）

符号	规范术语	英文名
Glu, E	谷氨酸	glutamic
Gln, Q	谷氨酰胺	glutamine
Gly, G	甘氨酸	glycine
His, H	组氨酸	histidine
Ile, I	异亮氨酸	isoleucine
Leu, L	亮氨酸	leucine
Lys, K	赖氨酸	lysine
Met, M	甲硫氨酸	methionine
Phe, F	苯丙氨酸	phenylalanine
Pro, P	脯氨酸	proline
Ser, S	丝氨酸	serine
Thr, T	苏氨酸	threonine
Trp, W	色氨酸	tryptophan
Tyr, Y	酪氨酸	tyrosine
Val, V	缬氨酸	valine
cAMP	环腺苷酸	cyclic adenylic acid
ADP	腺苷二磷酸	adenosine diphosphate
ATP	腺苷三磷酸	adenosine triphosphate
RNase	核糖核酸酶	ribonuclease
RNP	核糖核蛋白	ribonucleoprotein
Hb	血红蛋白	hemoglobin
Ig	免疫球蛋白	immunoglobulin
GSH	谷胱甘肽	glutathione
（四）分析化学		
MAE	微波辅助提取	microwave-assisted extraction
LC/MS	液相色谱-质谱法	liquid chromatography/mass spectrometry
GC-MS	气相色谱-质谱法	gas chromatography-mass spectrometry
LC	液相色谱法	liquid chromatography
GFC	凝胶过滤色谱法	gel-filtration chromatography

（续表）

符号	规范术语	英文名
IEC	离子交换色谱法	ion exchange chromatography
MS	质谱法	mass spectrometry
HPLC	高效液相层析	high-performance liquid chromatography
TOFMS	飞行时间质谱仪	time-of-flight mass spectrometer
NIR	近红外光谱法	near-infrared spectrometry
IEC	离子交换层析	ion exchange chromatography
（五）生态学		
GPP	总初级生产量	gross primary production
NPP	净初级生产量	net primary production
NUE	养分利用效率	nutrient use efficiency
DOC	可溶性有机碳	dissolved organic carbon
DON	可溶性有机氮	dissolved organic nitrogen
H	香农–维纳多样性指数	Shannon-Wiener's diversity index
D	辛普森多样性指数	Simpson's diversity index
OTU	运算分类单元	operational taxonomic unit
（六）生物技术		
bp	碱基对	base pair
Tris	三羟甲基氨基甲烷	trihydroxymethyl aminomethane
EDTA	乙二胺四乙酸	ethylenediaminetetra-acetic acid
SDS	十二烷基硫酸钠	sodium dodecylsulfate
GFP	绿色荧光蛋白	green fluorescence protein
SRS	简单重复序列	simple repeated sequence
SSRP	简单重复序列多态性	simple sequence repeat polymorphism
RAPD	随机扩增多态性DNA	randomly amplified polymorphic DNA
AFLP	扩增片段长度多态性	amplified fragment length polymorphism
RFLP	限制性酶切片段长度多态性	restri-ction fragment length polymorphism
TF	转录因子	transcription factor
PAGE	聚丙烯酰胺凝胶电泳	polyacrylamide gel electrophoresis
PFGE	脉冲电场凝胶电泳	pulsed-field gel electrophoresis

（续表）

符号	规范术语	英文名
EIA	酶免疫分析	enzyme immunoassay
ELISA	酶联免疫吸附分析	enzyme-linked immunosorbent assay
T-DNA	转移DNA	transfer DNA
FISH	荧光原位杂交	fluorescence *in situ* hybridization
TMV	烟草花叶病毒	tobacco mosaic virus
Bt	苏云金杆菌	*Bacillus thuringiensis*
TMA	转录介导扩增	transcription-mediated amplification
CRISPR	成簇规律间隔短回文重复	clustered regulatory interspaced short palindromic repeat
ZFN	锌指核酸酶	zink finger nuclease
TALEN	转录激活因子样效应物核酸酶	transcription activator-like effector nuclease
NHEJ	非同源末端连接	nonhomologous end-joining
HDR	同源定向修复	homology-directed repair
PCR	聚合酶链反应	polymerase chain reaction
cPCR	竞争聚合酶链反应	competitive PCR
iPCR	反向聚合酶链反应	inverse PCR
RT-PCR	逆转录聚合酶链反应	reverse transcription polymerase chain reaction
qPCR	定量聚合酶链反应	quantitative PCR
PCR-ELISA	聚合酶链反应-酶联免疫吸附分析	polymerase chain reaction and enzyme-linked immunosorbent assay

（七）毒理学

符号	规范术语	英文名
ED_{50}	半数有效量	median effective dose
ID_{50}	半数感染量	median infective dose
LD_{50}	半数致死量	median lethal dose
LC_{50}	半［数］致死浓度	median lethal concentration
I_{50}	抑制中浓度	median inhibitory concentration
LT_{50}	半数致死时间	median lethal time
EC_{50}	半数效应浓度	median effective concentration
$TCID_{50}$	半数组织培养感染剂量	50% tissue culture infective dose

(续表)

符号	规范术语	英文名
TLm	半数耐受量	median tolerance limit
RD_{50}	半数反应量	50% reaction dosage
LD	致死剂量	lethal dose
LC	致死浓度	lethal concentration
MLD	最小致死剂量	minimum lethal dose

资料来源：全国科学技术名词审定委员会公布的《生物化学与分子生物学名词》（2024）、《动物学名词》（2021）、《畜牧学名词》（2020）、《食品科学技术名词》（2020）、《植物学名词》（2019）、《化学名词》（2016）等。

四、化学物质命名符号

符号	名称或解释	符号	名称或解释
o-	表示邻位	N-, O-, S-, P-	表示基团连接在相应原子上
m-	表示间位	H	该位置上为氢或加氢
p-	表示对位	+	置于圆括号内，表示旋光方向（右旋）
n-	表示链异构"正"	-	置于圆括号内，表示旋光方向（左旋）
iso-	表示链异构"异"	±	置于圆括号内，表示外消旋体
neo-	表示链异构"新"	Me	甲基
sec-	表示链异构"仲"	Et	乙基
tert-	表示链异构"叔"	Pr	丙基
Z, E	置于圆括号内，表示双键顺、反式异构	Bu	丁基
R, S	置于圆括号内，表示手性原子的构型	Ac	酰基；乙酰（基）
D, L	表示化学中的构型	Bn	苄基
cis-	表示顺式异构	Ph	苯基
trans-	表示反式异构	R	烃基
sym-	表示对称，均	—S—S—	二硫键

资料来源：中国化学会有机化合物命名审定委员会编著的《有机化合物命名原则》（科学出版社，2017）。

五、统计学符号(缩写)

符号(缩写)	术语	符号(缩写)	术语
α	显著性水平	x, y, z	观测值
β_2	峰度系数	X, Y, Z, T	随机变量
$F(x)$	分布函数	X_i	第i个次序统计量
$f(x)$	概率密度函数	X_p, x_p	随机变量X的p分位数
γ_1	偏度系数	σ	总体标准差
H	假设	S, s	样本标准差
μ	总体均值	σ_{XY}	协方差
ν	自由度(DF)	$V(X)$	随机变量X的方差
n	样本量	σ^2	总体方差
Ω	样本空间	S^2, s^2	样本方差
$P(A)$	[事件A的]概率	S_{XY}	样本协方差
A^c	对立事件	$\sigma_{\hat{\theta}}$, SE	标准误差(总体参数)
t	T检验计算值	$SE_{\bar{X}}$, SEM	样本均值的标准误差
F	F检验计算值	χ^2	卡平方
p	概率值	ANOVA	方差分析
r_{xy}	样本相关系数	CV	变异系数
R	多元相关系数	SS	平方和
R^2	决定系数	MS	均方
θ	分布的参数	$L_n(s^k)$	正交试验
$\hat{\theta}$	估计量	LSD	最小显著差数法
$\bar{X}, \bar{x}$	样本均值,平均数	LSR	最小显著极差法

资料来源:GB/T 3358.1—2009《统计学词汇及符号 第1部分:一般统计术语与用于概率的术语》,GB/T 3358.3—2009《统计学词汇及符号 第3部分:实验设计》,盖钧镒、管荣展主编的《试验统计方法》(第五版)(中国农业出版社,2020)。